高校大学生职业价值与创新创业教育研究

姚 亮 著

中国书籍出版社
China Book Press

图书在版编目（CIP）数据

高校大学生职业价值与创新创业教育研究 / 姚亮著. -- 北京：中国书籍出版社，2022.8

ISBN 978-7-5068-9130-1

Ⅰ.①高… Ⅱ.①姚… Ⅲ.①大学生－职业选择－研究 Ⅳ.① G647.38

中国版本图书馆 CIP 数据核字（2022）第 155040 号

高校大学生职业价值与创新创业教育研究
姚　亮　著

责任编辑	毕　磊
装帧设计	李文文
责任印制	孙马飞　马　芝
出版发行	中国书籍出版社
地　　址	北京市丰台区三路居路 97 号（邮编：100073）
电　　话	（010）52257143（总编室）（010）52257140（发行部）
电子邮箱	eo@chinabp.com.cn
经　　销	全国新华书店
印　　刷	天津和萱印刷有限公司
开　　本	710 毫米 ×1000 毫米　1/16
字　　数	200 千字
印　　张	11
版　　次	2023 年 1 月第 1 版
印　　次	2023 年 1 月第 1 次印刷
书　　号	ISBN 978-7-5068-9130-1
定　　价	78.00 元

版权所有　翻印必究

前 言

党的十九大以来，中国特色社会主义进入新时代，对外面临复杂的国际形势，对内面临着艰巨繁重的改革发展任务。为满足社会发展的新要求，应培养综合能力过硬的高校大学生。当前大学生就业形势愈加严峻，高校需要加强学生的职业价值观教育，为培养具有坚定理想信念、高尚职业理想、完整职业规划、正确职业价值观的青年学生而努力。另外，"大众创业、万众创新"的提出在国内掀起了创业浪潮。在双创背景下，作为创新创业人才培养基地的高等院校，应加强大学生的创新创业能力教育，培养我国创新创业人才，让青年学生更好地担负起民族复兴的重任。

本书紧紧围绕高校大学生职业价值与创新创业教育展开，共包括六章内容。本书第一章为高校大学生职业价值概述，主要介绍了四个方面的内容，依次是高校大学生职业价值相关概念界定，高校大学生职业价值观教育相关论述，高校大学生职业价值观教育的现状，高校大学生职业价值观教育的提升路径。第二章为高校大学生创新创业概述，主要从四个方面进行了阐述，分别是创新、创新思维与创业的关系，高校大学生创业方法与途径，高校大学生创业流程与政策分析，高校大学生创业现状问题与优化路径。第三章为高校大学生创新创业要素分析，主要从四个方面对创新创业要素进行了分析，分别是高校大学生创新创业要素之创业者，高校大学生创新创业要素之创业团队，高校大学生创新创业要素之创业资源，高校大学生创新创业要素之创业计划。第四章为高校大学生创新创业能力培养，主要从高校大学生创新创业能力综述，高校大学生创新创业指导体系，高校大学生创新创业意识培养，高校大学生创新创业能力培养四个方面进行了论述。第五章为高校大学生创业机会与创业风险，主要通过两个方面对大学生创业机会与创业风险进行了详细论述，分别是高校大学生创业机会的评价与识别，高校大学生创业风险与防控。第六章为新企业的开办与管理，主要通过新企业的开办、新企业的管理两个部分对新企业开办的注册流程，以及新企业开办成功后的管理要点进行了介绍，详细分析了新企业人力资源管理、资金管理、成本管理的常见问题并提出对策。

在撰写本书的过程中，作者得到了许多专家学者的帮助和指导，参考了大量的学术文献，在此表示真诚的感谢！

由于作者水平有限，书中难免会有疏漏之处，希望广大同行及时指正。

作者

2022 年 1 月

目 录

第一章 高校大学生职业价值概述 1
  第一节 高校大学生职业价值相关概念界定 1
  第二节 高校大学生职业价值观教育相关论述 4
  第三节 高校大学生职业价值观教育的现状 7
  第四节 高校大学生职业价值观教育的提升路径 12

第二章 高校大学生创新创业概述 25
  第一节 创新、创新思维与创业的关系 25
  第二节 高校大学生创业方法与途径 32
  第三节 高校大学生创业流程与政策分析 42
  第四节 高校大学生创业现状问题与优化路径 50

第三章 高校大学生创新创业要素分析 57
  第一节 高校大学生创新创业要素之创业者 57
  第二节 高校大学生创新创业要素之创业团队 63
  第三节 高校大学生创新创业要素之创业资源 66
  第四节 高校大学生创新创业要素之创业计划 68

第四章 高校大学生创新创业能力培养 72
  第一节 高校大学生创新创业能力综述 72
  第二节 高校大学生创新创业指导体系 83
  第三节 高校大学生创新创业意识培养 104
  第四节 高校大学生创新创业能力培养 115

第五章　高校大学生创业机会与创业风险·················132
　　第一节　高校大学生创业机会的评价与识别·············132
　　第二节　高校大学生创业风险与防控·················138

第六章　新企业的开办与管理·······················149
　　第一节　新企业的开办······················149
　　第二节　新企业的管理······················158

参考文献·································167

第一章 高校大学生职业价值概述

本章为高校大学生职业价值概述，主要介绍了四个方面的内容，依次是高校大学生职业价值相关概念界定，高校大学生职业价值观教育相关论述，高校大学生职业价值观教育的现状，高校大学生职业价值观教育的提升路径。

第一节 高校大学生职业价值相关概念界定

一、职业价值观

职业价值观是针对职业相关的价值观的一个层面而言的，包括不同学者对职业价值观的概念界定、划分维度，这里提到的"职业价值观"，也有学者将其称之为"职业观"，但是对职业价值观没有一个统一的定义。这里引用黄希庭在文章中的观点："职业价值观是人们衡量社会上某种职业的优劣和重要性的内心尺度。它是个人对待职业的一种信念，并为其职业选择、努力实现工作目标提供充分的理由。"[①] 根据已有的定义我们可以认识到职业价值观是对职业选择的一种态度和取向，是我们依据自身的需求对待职业性质、职业内容、职业结果、工作态度、职业规划等的一套相对稳定的、全面的、主观的评价系统，是个体在长期的社会化的过程中总结职业经验、修正职业认识形成的价值取向。职业价值观是一种具有明确目的性、自觉性和坚定性的职业选择的态度和行为，对一个人的职业选择和择业动机起着决定性的作用。同时职业价值观还有自身的特点：第一，具有多样性，因为个人需要的不同，导致对职业主观评判的价值尺度不同，因人而异的价值观会呈现多样性的特点；第二，具有阶段性，根据人在不同社会环境、成长阶段、接触不同的人会受到不同的影响，职业价值观也会随之产生变化；第三，具有可塑性，作为一个内在的认识，是对社会环境中客观存在的内在映射，

---

① 余华，黄希庭. 大学生与内地企业员工职业价值观的比较研究 [J]. 心理科学，2000（06）：739-740.

是感性认知通过社会实践进化为理性认知，再用理性认知指导实践的一个过程，可以通过优化学习，形成更高层次的职业价值观。

二、大学生职业价值观

大学生职业价值观包括以下四个维度。

第一，无形回报。职业价值观，更强调社会个体的择业标准，会受到外界环境和内在需求的影响。若整个社会在择业方面存在普遍的功利化特点，就会导致大学生形成较为严重的利己主义，更注重选择社会地位高和薪酬回报高的发展领域。而对无形回报缺乏正确的认识，导致大学生无法正视自身的社会地位和价值。无形回报是大学生职业价值观的重要维度，更注重在内在偏好方面思考职业选择和发展领域。教育工作者要注重在无形回报引导方面做好知识内容的拓展，使大学生能更注重个人的长期发展，对服务社会和国家建设产生高度的认同感。教师要引领大学生更加注重无形回报，尽量避免以功利导向大学生价值观的培育。要在无形回报维度设计课程内容和选择教育方法，帮助大学生形成远大理想和坚定理想信仰，志愿服务国家发展和经济建设，继而从中真正获得自豪感和集体荣誉感。

第二，自我实现。当代大学生更注重自我价值的实现，在择业和就业的过程中，更偏向以自我诉求的满足为出发点，根据自身的专业能力和学历进行岗位和行业选择。教师在实际开展大学生职业价值观教育工作的过程中，要在自我价值实现维度，做好思想引领工作。既要挖掘大学生价值潜能，帮助他们科学地制定职业生涯规划，还需为他们自我价值实现提供更多可能性。同时，教师在不断自我完善和进化的过程中，要引导大学生在我国重要领域中创造价值，并将自身的能力和智慧投注在我国重要岗位和领域中。实现自我价值的同时，能全面助力国家政治、经济、科技等领域高质量发展。

第三，精神自由。自媒体时代下，大学生更注重追求精神的自由，并以此为导向选择职业和发展领域。从某种角度来说，精神自由已然成为大学生进行职业选择和人生规划的重要维度。在开展大学生职业价值观教育工作的过程中，教育工作者要形成现代化的教育视角，不能被过去的经验和思想所限制，要充分理解大学生对精神自由的向往和追求。教育工作者要在人际和谐、沟通表达、和谐关系构建等方面进行深度思考，要进一步优化和完善大学生职业价值观的因子结构。在精神自由维度做好新思想和新理念的渗透，引导大学生长远规划人生，对精神的自由界限和边界建立新的认识。所谓自由，必须在既定的规则和法律规定框架之内，追求相对的精神自由，不是绝对的自我满足和想法，否则会导致大学生形成偏激或错误的职业价值观。

第四，薪酬地位。地位追求，是目前大学生重要的职业价值观取向，决定他们奋斗领域和工作投入。针对大学生职业价值观进行多维度研究的整个过程中，教育工作者要在薪酬地位维度进行深度思考。若想培育具备正确职业价值观的大学生，就必须结合整个社会风气，科学地对教育内容和方法进行创新。教师要辩证分析大学生追求薪酬地位的现象，要给予他们充分的肯定，然后对他们的思想进行引领和拓展。通过科学和多样的教育手段，帮助大学生更加客观和理性地追求高薪酬和社会地位，不应被复杂的外界环境所干扰和影响，进而导致形成错误的职业价值观。薪酬地位可作为选择职业的标准之一，而不应成为唯一的标准。

三、职业价值观教育

培养人们具有共同的价值观念是社会和谐发展的重要保障。人的存在发展都依托于当下现存的社会环境之中，社会存在是人存在的基础。任何一个社会都要有一定的共同的价值观念、政治信念，否则社会发展就会出现各种问题甚至不能维系。社会无法健康发展，人也就无法获得成长发展。社会作为一个完整的机器，依靠各个行业的人共同运作相互协同才能保证社会的正常运转、发展进步。人作为职业人、社会人的身份存在，更需要有与社会发展相适应的职业价值观的引领。教育的对象是"人"，价值观教育的对象也是具体的"人"，价值观教育的实现就在于使人脱离人自然存在的状态，使人获得一种文化生命，指向人的存在的文明的品格，职业价值观就是在其限定范围内使人脱离追求物质和享乐的本性，而追求高尚的职业品格。

四、大学生职业价值观教育

大学生的职业价值观贯穿在整个学习、生活、工作的全部过程之中，不能单纯地表现为对待职业和择业的态度和取向，对待职业的认知和信念，更多的是工作中的工作态度、工作积极性，以及职业生涯规划等表现，反映了学生对社会需求的认识。狭义的职业价值观教育对象指高校大学生，是一个三观未成熟而快速成长的社会群体。王蕉所著《价值观教育的合法性》一书中提到："未成熟状态就是一种积极的势力或能力,一种向前生长的力量,未成熟的人为生长而有的特殊适应能力,构成他的可塑性,这种可塑性的存在是价值观教育发生的前提。"[①] 这种可塑性也是职业价值观教育存在发生的最主要前提。大学生职业价值观教育是在学生步入工作岗位前,以高校、家庭、社会为教育客体,以高校在读学生为受教育主体,以课上课下结合,校内校外、理论实践教育为具体路径,以培养学生正确的、高尚的职业价值观体系为主要目标的教育活动。

第二节 高校大学生职业价值观教育相关论述

一、大学生职业价值观的理性审视

(一)劳动至上是大学生职业价值观的根本

正如马克思所言,"生产劳动同智育和体育相结合,不仅是提高社会生产的一种方法,而且是造就全面发展的人的唯一方法"[②]。人的本质是一切社会关系的总和,而人的生产劳动是建构其社会关系的主要载体。也就是说人正是通过生产劳动才形成了现实的社会关系。马克思主义从政治经济学维度指出劳动是社会财富的源泉。人类的劳动从来就不是一个人的劳动,无数个体的分工与协作推动整体劳动成果的产生,通过劳动实现个人自我价值和社会价值的统一,劳动史观和群众史观实质是统一的。大学生只有在劳动中才能建立和人民群众之间"感同身受"的情感联系。因此,没有劳动至上的价值立场之基,就会脱离"以人民为中心"的发展思想。青年学生要读原著、学原文、悟初心,从理想信念上理解劳动价值观的内涵,从"人的应该"上解读为什么要树立劳动至上的价值立场。

(二)甘于奉献是大学生职业价值观的核心

在时间维度上,奉献精神扎根于悠久的中华传统文化中,贯穿于社会发展的进程中。"大禹治水"讲的是大禹三过家门而不入,舍小家为大家;"春蚕到死丝方尽,蜡炬成灰泪始干"阐述师者无私奉献的精神。在中华民族苦难深重之际,一大批救亡图存、振兴中华的有志青年挺身而出、上下求索;在新中国建设初期,

---

① 王蕉.价值观教育的合法性[M].北京:北京师范大学出版社,2009.
② 马克思,恩格斯.马克思恩格斯全集.第23卷[M].中共中央马克思恩格斯列宁斯大林著作编译局,译.北京:人民出版社,1972:530.

无数一线工人默默耕耘，技能型人才响应国家号召投身技术研究，甚至隐姓埋名，只为国家建设需要。在"两弹一星"研制工程中，邓稼先对妻子说："以后家里的事我就不能管了，我的生命就献给未来的工作了。"雷锋精神、铁人精神直到今天依然激励着青年学生。没有甘于奉献的价值取向，就会缺精神之"钙"。改革开放以来，经济飞速发展，也对社会思潮带来了较大的冲击，更对青年大学生的职业价值观提出了挑战。面对新冠疫情，奋战在抗疫前沿的最美逆行者们，用行动展现了职业的担当；驻守边疆的战士用行动诠释使命，也用坚守映衬了他们的家国情怀。甘于奉献的价值取向在他们身上体现得淋漓尽致，他们在奉献中创造价值，在奉献中收获人民发自内心的尊敬与爱戴。无数实践证明，甘于奉献是涵养社会主义核心价值观的重要源泉，是一种将主动、不求回报的付出视为幸福和责任的精神。

（三）创新精神是大学生职业价值观的动力

"创新"是民族精神的灵魂，是国家兴旺发达的不竭动力，是个人不断发展的源泉。马克思主义认为一切事物都处于变化和发展之中，人类在社会实践中敢于探索、不断创新，是社会发展的根本动力。创新渗透在人类生活、经济发展的各个方面。新时代是知识大爆炸的时代，信息技术空前发展，新事物、新技能、新方法不断涌现，要透视新环境、分析新情况、解决新问题，就要发扬创新发展拓荒牛的精神。改革创新是时代精神的核心，回顾我国经济社会的发展，改革开放带给我们翻天覆地的变化；北斗工程为世界贡献了全球卫星导航的"中国方案"。一系列的成绩取得都是我国社会发展进程中坚持自主创新的成果。勇于创新不论对个人发展还是对国家民族进步都至关重要。一个民族只有不断创新，才能屹立于世界民族之林；一个人，拥有创新的思维和技能，才能创造美好生活，实现人的全面发展。

当今世界正处于大发展大变革大调整时期，面对百年未有之大变局。习近平总书记指出"中华民族伟大复兴，绝不是轻轻松松、敲锣打鼓就能实现的"[①]。具有创新精神和创新能力的高级专门人才，已经成为社会竞争力的关键。青年学生最富活力、最具创造性，理应走在创新创造的前列，做勇于挑战、开拓创新的时代先锋。但是，当前部分高校专业教育观念和培养体系陈旧，教学内容仍以传授知识为主，教学方法以课堂讲授为主；实践教学总体不足，校企合作没有真正融

---

① 习近平. 决胜全面建成小康社会夺取新时代中国特色社会主义伟大胜利 [N]. 人民日报，2017-10-19（2）.

人人才培养体系；高校创新意识和创新能力培养体系还不健全。这使得高校毕业生创新意识不强、创新能力不足，离"有本领"的时代新人有差距。需求侧和供给侧之间的不匹配，倒逼高校把创新能力的培养融入每一个专业体系，契合到每一门课程中，贯穿在人才培养的全过程。让青年学生成为技术创新、知识创新、文化创新的主体，努力争做新时代具有责任担当和创新能力的建设者，高校教育责无旁贷。

二、大学生职业价值观教育的重要意义

职业价值观教育作为思想政治教育的重要一环，是高校完善思想政治教育体系，落实思想政治教育任务的重要组成部分。丰富高校职业价值观教育的内容，落实职业价值观教育工作，能够完善高校思想政治教育的体系，提升高校的教学质量。

（一）有利于深化大学生社会主义核心价值观教育

在社会主义核心价值观指导下的学校的职业价值观教育能帮助学生树立正确的职业价值观体系，正确认识自己，用积极健康的心态结合自己的兴趣和专业知识和职业理想，找好自身定位，聚焦职业目标，做好充分的计划和准备，以社会时代发展需要为出发点，将个人职业理想与社会理想相结合，成长为德才兼备的合格人才，为社会主义事业的建设贡献自己的力量。随着我国的改革开放，国家经济发展和社会发展已经向纵深发展，高校也面临着许多新的问题、新的挑战。大学生在职业选择上处于自我矛盾和冲突的阶段，这也是社会变迁过程中传统思想体系崩溃与新的观念处于快速发展，阶段性的社会价值体系冲突的表现。教师作为教育者，需要不断更新教育观念和教材内容。例如职业体验师新兴职业的出现，互联网行业的从业需求越来越大，第三产业服务业的迅速发展等，也催生了一批新兴职业。面对不同职业工作性质与特点的截然不同，高校需要加强对学生的职业价值观教育，使学生在专业知识、个人素质、思想品德、职业道德等方面全面发展，使学生的知行合一，符合社会主义核心价值观的具体内涵要求，为新时代的社会发展和中国特色社会主义事业的推进输送合格的人才。

（二）有利于提升大学生思想政治教育的育人成效

思想政治教育是为了对学生世界观人生观价值观的塑造。职业价值观教育是思想政治教育的重要组成部分。高校培养人才的终点是就业，高尚的职业价值观

是学生就业的基础，做好对学生职业价值观的塑造，也是加强思想政治教育，引导学生成长成才的重要一环。

（三）有利于推动大学生职业生涯教育高质量发展

高校职业价值观教育关系到学生的成长发展、高校的教学质量、社会发展等一系列重要问题。高校作为立德树人的重要一环，负责学生"德、智、体、美、劳"全面发展的同时，肩负着提升大学生就业能力的重要使命。提升大学生的就业能力包括提高学生综合素质，引导学生就业观念发生转变，不拘泥于铁饭碗；培养学生自主创新能力，引导学生创新创业，改就业为创业；呼吁学生响应国家号召，将个人理想与国家发展结合在一起，到国家需要的地方去；帮助学生树立高尚的职业价值观，引导学生做好职业生涯规划，推动高校职业生涯教育高质量发展。

第三节 高校大学生职业价值观教育的现状

一、大学生职业价值观教育存在的问题

职业价值观反映了个体发展需要与职业属性之间的特定关系，大学生的就业观念与职业选择是其职业价值观的一种外在表现。当前，各高校普遍重视加强大学生职业生涯规划教育和就业创业指导力度，但在大学生职业价值观教育方面却存在着众多不足，下面将具体叙述。

（一）职业价值观教育过程弱化

学生作为被教育者，应该作为课堂以及职业价值观教育的主体。学校和教师应该以学生自身为出发点，贯彻"以人为本"的教育理念，突出学生的主体性，从当前学生的实际情况着手，对症下药。当前大学生在就业和择业问题上，出现了追求高薪、贪图轻松等想法，并且出现了脱离实际环境、忽略工作要求、不能清晰认识个人能力等问题。物质基础决定上层建筑，作为社会生活的成本，学生考虑薪资无可厚非，但是一个人对企业的贡献和价值，工作的完成度和个人综合能力的体现，才是提升薪资，获取更多回报的直接方式，对自身能力有清晰的认识，虚心学习，努力提高才是自身成长的重要途径。薪资并非是衡量一份工作价值的唯一指标，大学生要能够在择业过程中处理好自身利益与集体利益、国家利益的关系，认识到工作本身对社会的贡献，在实现自身价值的同时，为企业发展

寻求更加广阔空间，相辅相成实现自身的发展，为社会经济的繁荣发展做出贡献。

高校在职业价值观培育的过程中，偏向于侧重形式，将课堂变为教材的讲解和既定问题的解读，忽视了思想政治教育中职业价值观教育的最终目的，是为了在实际应用中增强学生就业竞争力和明确择业、创业方向等问题的。在职业价值观教育方面，高校应该以不同专业、不同特点、不同情况为出发点，以学生实用为基本要求，具体问题具体分析，不能一概而论、舍本逐末。

（二）职业价值观教育缺乏系统性

首先，没有形成良好文化氛围。根据学生自身的年龄特点，学生自身在价值观尚未完全成熟之前，环境熏陶和从众心理会对学生的职业价值观产生很大的影响，学校不仅要在校园文化环境方面塑造良好的氛围，引导学生清晰自己的职业方向，树立自己的职业理想，扩大劳动模范的宣传力度，给学生种下一颗善的种子。

其次，课程内容尚未做到精准匹配。专业的课程体系和讲座宣传也要做到精准匹配学生的实际需求，让学生听到能学到，学到能用到。

再次，社会实践层面没有与课程精准对接。企业实习作为学校帮助学生接触企业和社会的一个环节，要加强重视调动资源，根据学生的年级和专业程度划分，配合好学生各个阶段的课程，做到与课程相匹配的实习训练，将具体计划落实到每一个年级，每一个学生。

最后，职业价值观教育的评价体系不够科学全面。学校没有做到将学生个人心得体会、企业实习评价、教师测试评分和平时作业检测进行全面评价，没有做到对从学期、学年到贯穿整个大学的职业价值观成绩进行统计分析，既没有全面了解学生的成长，也没有反馈到教学过程中，改进学生的不足之处。良好的评价体系要做到各个环节之间相互对接，前后承接，互为补充，自成体系，把职业价值观教育落到实处，做到教育效果最大化。

（三）职业价值观教育和引导程度不够

职业价值观教育是大学生价值观教育的重要组成部分，高校应该将其融入大学生思想政治教育工作的各个环节，贯穿于大学生整个大学的学习生活中。然而现实情况却是，大学生职业价值观教育往往是属于职业生涯规划与就业指导课程教师和毕业班辅导员的工作任务，这一现象表明高校对大学生职业价值观教育和引导程度不够。

（四）职业价值观课程教学价值引领不足

在职业生涯规划与就业指导课程中，职业价值观教育内容的设置和课时占比均偏低，同时还没有将职业价值观教育内容很好地渗透于职业选择、职业兴趣、求职技巧、生涯规划等中，教师的课程教学理念滞后，教学内容陈旧枯燥，存在着重知识传授轻价值引领及课程思政创新能力不足等问题，课程教学中立德树人作用发挥得也不是很理想。

（五）职业价值观教学方法载体较为单一

大学生职业价值观教育通常采用的是课堂教学、就业指导讲座、谈心谈话等方式进行的，教学方法载体较为单一，重灌输轻引导，缺少实证教学、个体职业实践体验、隐性教育等多样化的教学方法载体，吸引力、感染力及影响力等不强，这些问题的存在极大地影响了大学生职业价值观教育的实效性。

大学生职业价值观受到社会、学校和家庭全方位、多层面和深层次的影响，错误的社会思潮、东西部发展的差距、企业高薪招聘的噱头、媒体专业薪资排名及不良舆论宣传等，会对大学生职业价值观产生一定的影响。大学生的家庭对他们成才的心理预期和职业期待等，也会对他们的职业价值观产生一定的影响。这就使得大学生职业价值观呈现出多元化、个性化、理性化等特征，同时也存在着职业价值取向功利化、职业预期理想化、职业追求物质化、敬业精神弱化，甚至有的时候会出现极端个人主义、享乐主义、拜金主义、实用主义等一些不良的职业价值倾向。以上这些问题亟须高校进一步加强针对大学生职业价值观的教育力度。

二、大学生职业价值观教育存在问题的原因

（一）职业价值观教育目标定位不够清晰

学校对职业价值观教育的认识还需要进一步加深。少部分学校简单地将职业价值观教育与就业指导等同起来。其实两者并不相同，职业价值观所涵盖的内容既包括对就业指导所涵盖的职业的认识、择业相关的心态、就业选择方向等内容，还包括其他职业相关的价值观问题。这是概念层面的不同，也让职业价值观教育与一般职业教育、就业教育、职业生涯规划的教育有区别。

职业价值观教育是通过教育过程让学生加强自身的修养，认识自己对社会的意义，找准自身的职业方向；让学生清晰认识当前的就业竞争环境，清晰认识自己的优缺点，完善自身，适应当前的就业环境，树立合作意识、竞争意识、挫

折意识，清晰自己的职业道路，做好自身的职业生涯规划，让学生克服"个人主义""享乐主义"的思想观念，学习践行社会主义核心价值观，树立高尚的职业价值观，培养自身的奉献精神。职业价值观教育作为价值观层面的内容，更多的是关注学生内在的思想体系，学习的内容偏于精神。就业教育等学习的东西偏于理论和实际技巧。职业价值观作为价值观的一部分，需要长期地、连续地熏陶和教化，尤其是学校要做好在学生整个学业过程中，贯穿大一到毕业整个学年的教育引导，渗透在学生学习各个学科、各个层面的，全面立体、系统化的长期教育。职业价值观教育要做到面面俱到、层层递进，不断地学习、修正、完善，引导学生树立正确的职业价值观。

（二）职业价值观教育内容更新速度较慢

当前职业价值观教育的主战场集中在课堂，主要依靠理论灌输，且教材更新频率较慢，缺少符合时代特性和学生心理特征的教育内容，造成实效性不足等问题。职业价值观教育内容应当及时更新，明确职业价值观教育的主要内容，与时俱进，既要广泛吸收学生关注的热点话题，融入教学，又要多方面收集当前就业市场的最新消息，让学生及时了解。部分高校职业价值观教育课程的内容没有从当前学生自身时代特点和就业需求为主要着力点，对当代大学生职业价值观教育研究可以了解当前教育情况以及存在的问题，没有梳理出当前大学生职业价值观的现状，也就不能帮助当前高校及学生了解当前职业价值观教育的重要性、必要性，帮学生清晰职业价值观的具体概念；没有将社会主义核心价值观内容融入职业价值观教育，无法为当前学生的职业价值观提供参考，不能正向引导和激励学生做出符合社会发展需要、响应国家号召、有利于个人成长发展的职业选择行为，没有彻底打破职业就是个人谋生手段的狭隘观点，究其根本这是当前职业价值观教育内容滞后出现的一系列问题。

（三）职业价值观教育体系尚未完全建立

我国职业价值观教育存在起步较晚、社会实际变化速度加快等现实问题，使得职业价值观教育未成体系，具体表现有教育理念和内容滞后、职业价值观教育师资力量薄弱、教学方式不够灵活、教育内容乏味单一、课堂吸引力和教学亲和力稍显不足，还缺乏与课程阶段相呼应的校内外对应的实践体系、评价体系。缺乏对学生职业价值观系统地、全面地引导和教育。课程体系、就业讲座、社会实践等各个方面都有待完善。

首先，教师队伍的建设不足。部分教师没有专业知识作为支撑，缺乏职业教育的系统理论，也没有足够的实践经历作为支撑，辅导员老师、思政课教师充当职业价值观教育师资队伍的主力军。作为课堂的主导，教师能力的不足直接影响职业价值观教育的效果。缺乏的专业教师队伍包括专业课程教师队伍、专业讲座指导教师、企业家宣讲队伍、课外辅导咨询教师等。

其次，课程体系和实践体系的不完善。师资队伍建设的滞后也导致职业价值观教育课程体系不完善，缺乏从大一到大四的阶段性对应的职业价值观教育整体思路和方案，更多的是对大三和毕业年级学生进行的职业生涯教育课程。教师队伍的后劲不足也导致职业价值观教育教学科研工作的落后，不能及时更新教育观念和教育内容，对教学过程缺少反思和完善，没有成熟的社会实践体系与之相匹配，不能及时调动各方积极因素辅助组成职业价值观教育体系，线上教育、线下课程、社会实践不能互为呼应形成体系。

（四）职业价值观教育外部环境复杂多变

随着社会的不断发展进步，信息技术的空前发展，大学生所处的社会环境更新换代速度不断加快。大学生所受到的职业价值观的信息来源不局限于单一的家庭教育和学校教育，大学生在各个层面的社会实践过程中得到的职业价值观影响良莠不齐。

首先，复杂的网络环境。当前自媒体盛行，网络信息充斥着形形色色的所谓"鸡汤"混淆视听；各个短视频社交平台传播的利己主义思想盛行，各种社会新闻层出不穷使舆论导向起伏不定；网络媒体的迅速发展与无法及时跟进的网络监管以及相关法律法规的完善相对滞后；社会生活节奏加快，现实交往的减少，网络社交平台成为人们发泄工作中不满情绪的工具，不能引导当前大学生形成积极向上的职业价值观。

其次，社会竞争愈加激烈。随着市场经济深化发展，计划经济逐渐退出历史舞台，市场经济激发经济活力的同时，也使竞争意识开始深入人的思维和实际活动中，"价值导向"开始深入影响人的思维方式和思想观念，一切思维出发点开始转变为直观的"有利"或"无利"，社会中收入差距加大，社会普遍观念中将人的成就大小，狭隘地以个人社会财富拥有数量做主要的衡量标准，机会主义思想盛行，为"利己"而"排斥"他人做法普遍存在，人的自我意识不断觉醒，造成现代社会追求个性解放，实现个人价值的社会风气，社会环境的转变也成为造成当前大学生职业价值观深刻改变的主要原因。

第四节　高校大学生职业价值观教育的提升路径

一、树立大学生职业价值观教育的核心理念

（一）德育为先的理念

大学生是社会和民族的希望，是关系到中国特色社会主义伟大事业成败的关键。他们将承担建设中国特色社会主义的历史任务。高校的德育工作是在一定社会要求下，对学生即受教育者进行的有计划、有目的、有组织进行的系统化的教育，使学生思想道德素质和政治信仰的取向符合社会主流意识形态的教育活动。高校德育的一项目标就是使学生具有符合社会主义市场经济发展的思想品德，通过学习将其内化于心，外化于行，学会鉴别不健康的价值导向。由于多元价值观并存下的复杂社会环境，在自身的价值标准和社会环境发生冲突时，需要大学生具有辨识真伪和扬弃好坏的能力。

实施德育为先的理念，引导德育观念与时俱进，高校德育工作不仅是一种文化传递的手段，培养学生树立积极正向职业价值观，更要与时俱进地培育学生符合新时代要求的职业价值观念，例如学习意识、竞争意识和自我革新意识等，在这一过程中，大力提倡爱国主义、集体主义和社会主义思想，也能够对学生职业价值观有所启发。当前学生面临多元价值标准的社会环境，教育学生在形成健康的价值观体系过程中，坚定跟随主流价值观引导、练就强大的心理素质，并不断学习提升自己，才能在竞争激烈的社会环境中立足。

（二）以人为本的理念

高校作为立德树人的重要一环，就业作为学生教育的重点指向，职业价值观教育缺乏亲和力亟待解决，出发点就是从学校观念到教师自身，从思想认识到身体力行，从课上教学到课下实践，贯彻"以人为本"的教育理念。当代大学生处在信息空前丰富的时代，思维活跃，对新事物理解能力和接受能力强，但也由于思维活跃，容易好高骛远。高校在培育大学生职业价值观过程中要坚持以人为本，不断创新大学生职业价值观教育内容，拓宽职业价值观教育途径，采取科学的方式方法，将学生个人价值与社会价值有机结合，做到以爱岗敬业、诚信守信、办事公道、服务群众、奉献社会为其职业生活中的道德规范和价值判断。

(三)全员育人的理念

职业价值观教育作为一种价值观教育,需要长时间的环境感染,需要成体系的学校课程教育、社会实践、家庭教育、自我教育等综合作用来对学生形成教育合力,这就需要这些因素的参与者们共同成为职业价值观"教育者",从全员育人,到全程育人。

1. 学校的"全员"

思政专职教师在思政课的讲授过程中在讲授关于职业价值观有关内容时要对学生进行正确的引导和教育;职业价值观专业课的任课教师在授课等过程中与学生多交流,解答学生疑问的同时要以身作则为同学们树立爱岗敬业的好榜样;辅导员作为与学生接触最多、距离学生最近的教师岗位,要帮助同学们树立良好的价值观,用行动来展现教师风采,教化学生向善向上。学生会成员和优秀的学生代表也要在日常生活中做好表率作用,在和学生的相处过程中,要及时警惕各种错误职业价值观的萌芽,帮助同学们创造一个积极向上,和谐文明的学习生活环境。

2. 家庭的"全员"

其中以父母和长辈为主,作为孩子最好的老师,父母的言行举动都会成为孩子学习和模仿的榜样,作为家长,父母应该在工作中恪尽职守,踏实诚信,努力工作,成为孩子职业价值观学习的榜样,还要在孩子择业的过程中摒弃传统思想,尊重孩子的意愿,在孩子迷茫的时候多开导和教育,做孩子成长路上的指路灯。学校、家庭要组成的"两位一体"的育人机制。

二、创新大学生职业价值观教育的教学课程

(一)"西迁精神"融入大学生职业价值观教育

"西迁精神"的核心是爱国主义,精髓是听党指挥跟党走,与党和国家、与民族和人民同呼吸、共命运。当前,我们正处在加快推进西部大开发形成新格局的历史征程,迫切需要一批又一批青年人才扎根西部、服务西部、奉献西部。将"西迁精神"有机地融入大学生职业价值观教育,进一步激发大学生的爱国情和报国志,增强他们的社会责任感和历史使命感,教育和引导大学生积极投身新时代西部大开发热潮之中,这既是落实立德树人根本任务的必然要求,也是培养担当民族复兴大任时代新人的必然选择。

1. "西迁精神"融入大学生职业价值观教育的必要性

"西迁精神"是镌刻着一代代知识分子爱国奋斗、无私奉献的时代精神丰碑，具有丰富的科学内涵和鲜明的时代价值，对进一步加强和改革大学生职业价值观教育也具有十分重要的理论意义和实践价值。

（1）有助于丰富大学生职业价值观教育内容

"党让我们去哪里，我们就背上行囊去哪里""到祖国最需要的地方创业"……西迁前辈在广袤的西部大地上用实际行动铸就的"西迁精神"，蕴含着爱国主义，听党指挥跟党走，与党和国家、与民族和人民同呼吸、共命运等精神追求和价值取向，也是个人职业价值观的生动诠释，有着深刻的内涵和教育意义。充分挖掘西迁过程中涌现出的爱国奋斗、甘于奉献的典型人物和鲜活事例，能够进一步丰富大学生职业价值观教育内容。

（2）有助于拓展大学生职业价值观教育载体

通过挖掘西迁历史、讲好西迁故事、参观交大西迁博物馆、组织专题展览展出、选出"爱国奋斗"先进典型等多种形式和载体，使大学生在生动鲜活的西迁历史、西迁人物及西迁事例中感受西迁前辈爱国奉献、服务人民、胸怀大局、无怨无悔的崇高精神，这同时也是开展大学生职业价值观教育的生动课堂和有效载体。

（3）有助于增强新时代大学生职业价值观教育实效

用西迁历程中涌现出的典型人物和感人事迹、新时代"最美奋斗者"等身边人和身边事教育和引导大学生，能够在潜移默化中引发大学生的情感共鸣，使他们感受到爱国奉献、艰苦奋斗的强大精神力量，同时这些鲜活的人和事更具亲和力、吸引力和感染力，有助于教育和引导大学生厚植家国情怀，强化他们的时代责任感，使其树立正确的人生理想和职业价值观。

2. "西迁精神"融入大学生职业价值观教育的路径选择

将"西迁精神"融入大学生职业价值观教育，教育和引导大学生树立正确的职业价值观，在职业选择时能够把个人理想追求融入党和国家事业的发展之中，牢固树立为中国特色社会主义事业奋斗终生的职业价值追求。

（1）以"西迁精神"助推职业生涯规划课程思政改革创新

教育部《高等学校课程思政建设指导纲要》指出，全面推进课程思政建设，就是要寓价值观引导于知识传授和能力培养之中，帮助学生树立正确的世界观、价值观、人生观，这是人才培养的应有之义，更是必备内容。全面推进大学生职业生涯规划课程思政建设是落实立德树人根本任务、加强大学生职业价值观教育、提高人才培养质量的必然要求。全面深入挖掘和梳理西迁史料、西迁故事、西迁人物等中所蕴含的思想政治教育资源，特别是职业价值观育人元素，将"西迁精神"的核心和精髓通过鲜活事例和典型人物有机地融入职业生涯规划课程教学的各个环节，使大学生在学到职业生涯规划知识的同时，逐步树立正确的职业价值观，实现知识教育与价值引领的有机统一，从而更好地实现大学生职业生涯规划课程所承载的立德树人的教育功能。

（2）引导大学生在实践中内化"西迁精神"

坚持课堂教学与实践养成相结合，把弘扬"西迁精神"与主题党日、主题团日、志愿服务、暑期"三下乡"社会实践、专业实习、创新创业竞赛等社会实践活动相结合，组织开展参观西安交大西迁博物馆、聆听"西迁人"爱国奋斗故事、探访西迁亲历者、体验西迁艰苦历程等教学活动，使大学生切实感受到"西迁精神"的力量。通过开展内容丰富的主题实践活动，教育引导大学生从一位位西迁人物、一个个西迁故事、一本本西迁史料中，深刻感受他们爱党、爱国、爱社会主义的家国情怀和崇高品质，深刻理解到祖国最需要的地方建功立业、献身大西北建设、传承建设教育强国使命的职业理想和职业精神，深刻认识教书育人、爱岗敬业、勇攀高峰、埋头深耕的职业道德和职业规范，更加自觉地把国家、社会、公民的价值要求融为一体。

（3）营造浓厚的爱国奋斗精神文化氛围

加强高校思想政治工作，要注重以文育人。高校要充分利用学校广播电视、报刊及"两微一端"等新闻网络宣传阵地，大力宣传"西迁精神"的科学内涵和时代价值，持续广泛宣传以西安交通大学"西迁人"爱国奋斗先进群体为代表的"最美奋斗者"的先进事迹；要深入挖掘选树一批传承"西迁精神"的时代新人，坚持用身边人和身边事教育引导学生；要将"西迁精神"融入大学精神和大学文化建设之中，着力营造浓厚的爱国奋斗精神文化氛围；要让大学生在"西迁精神"潜移默化的熏陶和滋养中，摒弃错误价值观，坚决听党指挥跟党走，永葆爱国奋斗的精神底色，坚守爱国情、报国志，将个人命运融入党和国家的发展之中，到祖国和人民最需要的地方建功立业。

（4）形成大学生职业价值观教育合力

大学生职业价值观教育应始终坚持以立德树人为中心，整合资源、统筹协调，着力构建全员全程全方位协同育人机制。一方面要整合思政课教师、专业课教师、大学生职业生涯规划和就业指导教师、辅导员等育人力量，增强育人队伍对职业价值观教育重要性的认识，持续在学懂弄通习近平总书记关于"西迁精神"的重要批示指示精神、悟透"西迁精神"核心和精髓上下功夫，不断提高自身运用"西迁精神"及其鲜活事例开展大学生职业价值观教育的自觉性、主动性和能力素质，实现协同育人。另一方面要加强顶层设计，将职业价值观教育贯穿于大学生大学学习生活全过程，根据大学生的年级阶段和专业特点，分类、分阶段进行大学生职业价值观教育。大一阶段着重进行职业理想、职业兴趣、职业意识等教育，大二和大三阶段着重结合学生专业进行职业素养、职业价值、工匠精神等教育，大四阶段着重结合就业创业"择业期"开展职业道德、职业规范、职业预期等教育，帮助大学生树立既符合党和国家需要，又能够凸显他们自身价值的职业价值观。

（二）中国茶文化融入大学生职业生涯教育

茶文化作为我国传统文化的精髓，集成和总结的是人民群众的智慧和经验，在教育领域和社会发展中具有十分重要的作用和积极影响。茶文化背景下，对于大学生职业价值观的理性思考，教育工作者需从大学生自我价值实现、高等教育科学化发展、社会精神文明进步等维度进行综合考量。只有真正从茶文化中获得启发，才能对大学生职业价值观的教育形成新的思路和主张。将茶文化中蕴藏的深刻哲学思想和人生道理，科学融入大学生职业价值观教育工作中。系统讲解理论和先进思想的同时，要引领大学生树立正确的职业价值观，确保他们能精准地进行职业决策，结合自身的能力和兴趣爱好，选择适合自身发展的领域进行奋斗。教师要全面分析大学生价值观的形成原理，聚焦社会发展问题，从中发现影响大学生正确择业观和价值观形成的主要因素，科学创新和优化教育教学模式，构建开放的价值教育环境。

1. 茶文化在大学生职业价值观教育中的作用

（1）丰富教育内容

茶文化具有鲜明的哲思性和辩证性特点，教师应将独特的茶思想科学融入大学生职业价值观教育中。利用优质和深刻的茶文化丰富教育内容，营建充满哲学意蕴的教育环境。教师要辩证思考大学生的就业选择和职业生涯规划，既要引导他们合理地追求精神自由和薪酬地位，还要通过科学引进茶文化，引领学生形成良好的哲学思想，辩证地思考和分析当前社会的价值取向，而茶文化在大学生职业价值观教育中的介入，可为丰富课程内容提供优质素材，为全面提高大学生职业价值观教育质量进行有效赋能。

（2）创新教育理念

茶文化背景下，教师在开展教育教学工作过程中，教师应以动态发展眼光审视当前的大学生成长和成才问题。职业决策和岗位选择，对大学生自我价值实现，以及优质人力资源的配置和整合具有十分重要的作用。教育工作者要在茶文化的启发和影响下，形成符合时代发展趋势的教育新理念，要以开拓的思维思考学生的就业和择业问题，不以自身的价值观评价和约束大学生职业选择，需对大学生的择业行为，以及他们所看重的因素进行理性分析。通过科学的数据对比，真正了解大学生择业和创业的意图和动机，继而科学地选择大学生职业价值观教育内容和方法。教师必须具备先进的教育理念，以此才能保证教育教学工作的先进性和科学性，帮助大学生树立正确的职业价值观。

（3）延伸教育范畴

茶文化当中对如何实现个人价值，如何与人相处，如何正确地定位人生目标，都客观地进行叙述和阐释，这对当前大学生职业价值观教育的创新具有十分重要的作用。教师可通过组织学生进入茶园学习，深刻领会其中蕴含的人生价值观，并能洞悉其中蕴含的深刻哲理。要利用不同的社会生产活动，进一步拓展和延伸大学生职业价值观教育范畴。要将人才培育深度嵌入社会实践活动中，既要帮助大学生树立正确的价值观和择业观，还要保证他们形成良好的思想品格和文学素养。从某种角度来说，学生具备服务国家发展的自觉性，更易于帮助他们形成远大的人生目标和职业理想，不被社会功利化的职业观所影响。而文学素养的培养，是学生形成高尚道德情操和深层次认知社会的前提和基础。茶文化背景下，教育工作者必须主动构建文化氛围浓厚的价值教育情境，要进一步拓展和延伸教育范畴，将知识教育、人文素养教育、价值观教育进行科学融合，逐渐形成丰富的目标体系，从不同维度延伸和拓展大学生职业价值观教育内容，帮助他们建立完整的价值体系，对职业选择和人生规划形成深层次思考。

2. 茶文化融入大学生职业价值观培育的路径选择

（1）编制用于文化教育和价值教育协同发展的活页式教材

生产、制作、销售、饮用茶产品的一系列行动中，催生出不同形态的优质文化。茶文化中蕴含丰富的物质文化，随着社会的发展形成大量的精神财富。茶文化在人们思想成长过程中的介入，可以大大提高社会个体的审美情趣，引导人们形成正确的价值取向。茶文化背景下，教育工作者要真正将茶文化和茶思想转化为自身更高层次的精神追求。教师自身要形成远大理想，主动承担培育高素质人才的历史重责。将茶文化科学融入人才培育各个流程，以丰富和完善的茶文化体系为素材，编制用于文化教育和价值教育协同发展的活页式教材，将我国博大精深茶文化引进课堂，系统化和持续化地渗透到大学生职业价值观教育细节中。既要了解茶文化的形成过程和发展历史，还要真正领会其中蕴含的深刻哲理。教师应体悟茶文化中的儒释道思想，并将理论性的文本编制成可视化的活页式教材，在组织学生观看动画视频和图文链接的过程中，加深他们对优秀茶文化的记忆和理解，以茶文化为载体，面向大学生输送优质知识和文化，促使他们形成正确的人生价值观和职业价值观。充分发挥茶文化在价值教育和知识教育方面的作用，并利用特色的活页式教材，对大学生的职业价值观进行多维度的培育和引导。

（2）加强大学生价值观培育场景的纵深感和文化性

茶文化是对社会生产活动中不同经验和智慧的总结，与生产生活具有不可分割的关系。茶文化既与历史相伴，又深刻揭示人与自然的关系。茶文化背景下，教育工作者需形成新的教育视角和思路，要进一步加强大学生职业价值观培育场景的纵深感和文化性。既高质量地完成知识目标和能力目标，还要有效培养学生思维素养和政治素养。教师应利用茶文化创建具备思想深刻性的开放教学空间，围绕儒释道思想进行深刻的研究和探讨，促使大学生形成良好的哲学思想和辩证思维，为他们形成正确的职业价值观做好铺垫。只有大学生形成更加高尚的道德情操和人生理想，才能有格局地规划自己的人生，而学生只有对生活有了更深刻的思考，才不易被消极文化和思想所影响。在茶文化的影下，使大学生注重在职业发展中获得无形回报，不再受不良社会风气影响而注重追求薪酬地位。

茶文化需在大学生职业观教育中进行有效渗透，利用具有文化性和纵深感的教育场景，熏陶学生形成优秀的道德品格，使他们成为具有人生信仰的人才，能够聚焦国家发展问题，由此导向正确的职业价值观。

（3）注重提升大学生职业决策能力

职业决策能力的培养，是培育大学生正确职业价值观的重点。引领学生建立正确的择业标准后，要对他们的职业决策能力进行提升和强化。在茶文化背景下，教师需对大学生职业价值观教育进行科学的战略部署，要具备人才教育的大局观，既要高质量服务学生个体的自我价值实现，还要帮助国家向重点领域输送优秀的人才。大学生作为国家发展和创新的第一资源，必须能够在各个领域和岗位发挥作用和优势。因此，教师必须在茶文化的启示下形成正确的战略设想，全局统筹和科学部署大学生职业价值观培育工作，要注重提升大学生职业决策能力。正确职业价值观形成后，务必保证大学生理性和客观地分析自我与国家，人与自然之间的关系，由此正确地进行职业选择。职业决策能力决定大学生的才能发挥程度，要保证大学生在最适合的岗位及领域创造价值和自我展现。教师要引导学生深入了解茶文化历史，掌握茶文化的精髓和思想内涵，促使他们懂得辩证思考民族和国家、个体与国家之间的关系，在正确职业价值观的导向下，确保大学生能够科学地进行职业决策。

三、明确大学生职业价值观教育的主要内容

高校在开展大学生职业价值观教育的过程中，以社会主义核心价值观教育为主线，不断完善大学生职业价值观培育内容，以国家和社会培养社会主义建设者和接班人为目标，主要包括三部分内容。

（一）完善社会主义核心价值观教育

习近平总书记在《把思想政治工作贯穿教育教学全过程》中提出："要坚持不懈培育和弘扬社会主义核心价值观，引导广大师生做社会主义核心价值观的坚定信仰者、积极传播者、模范践行者。要坚持不懈促进高校和谐稳定，培育理性平和的健康心态，加强人文关怀和心理疏导，把高校建设成为安定团结的模范之地。"[1] 职业价值观教育要与社会主义核心价值观教育相结合，以社会主义核心价值观核心精神为指引。社会主义核心价值观是社会主义核心价值体系的凝练表达，为高校落实思想政治教育工作和培养学生全面发展指明了方向，也包括职业价值观培育的基本要求。

课堂是开展社会主义核心价值观教育的主战场，在职业价值观教育的课程中，集中挖掘社会主义核心价值观中的职业价值观部分，让学生厘清两者的内在联系。高校进行社会主义核心价值观教育，包括了对学生职业态度的影响，高校进行大学生职业价值观教育也是对社会主义核心价值观教育内容的细化解读和补充完善。开展社会主义核心价值观与职业价值观为侧重点的主题学习会等形式，以先进劳动模范的事例为依据，举办演讲比赛等校园文化活动，让学生在参与中体会社会主义核心价值观，让学生在比拼中学习先进劳动模范的敬业精神和奉献精神。

学校开展的社会主义核心价值观教育引导学生在复杂的社会环境中认清自己，明辨是非，在面临众多选择与迷茫的时候能够坚定信仰，一往无前，成为合格的社会主义事业的继承者和接班人。

---

[1] 习近平. 把思想政治工作贯穿教育教学全过程 [J]. 杭州（周刊），2016（24）：6.

（二）加强就业认知教育

1. 加强大学生的就业认知

当前的就业模式本质上是竞争，帮助学生树立正确的竞争观念，提升学生的竞争意识和就业竞争力，在工作中有风险意识、效率观念、合作精神，引导学生用积极的心态参与就业市场的良性竞争，是当前职业价值观教育的一项重要内容。培养大学生养成良好的心态，提升大学生抗压能力和抗挫折的能力，学会正确面对失败和挫折，保持冷静理智的心态解决问题，用适当的方式舒缓压力，将大学生知识、能力、创造力等各方面的潜能激发出来，迎合当前社会深化改革和扩大开放的时代浪潮，在当前中国经济快速发展的历史机遇中，更大程度地发挥个人才能。树立高尚的职业价值观念，以祖国和人民为中心，以推动社会发展进步为己任，将个人需要和价值实现匹配到为国家富强、人民幸福的社会主义伟大事业的建设中来，到国家发展最需要的地方去，到人民最需要帮扶的基层去历练自身、增长见识。

2. 引导大学生正确地认识环境和评价自己

随着高等教育的迅速普及，大学毕业生的数量逐年增加。部分大学毕业生的职业目标规划不恰当，追求工资高稳定且轻松的工作，受父母和环境影响对考公务员的固执观念，对自身的判断不客观，不能正确认识自身的能力和不足，针对存在的找工作眼高手低，对竞争过于乐观等问题，学校要对这些观念问题对症下药，加强宣传劳动模范等优秀实例，开展讲座，高校要引导学生认识到，大学生就业已经成为大众化就业问题，正确认识职业环境，找到适合自己的工作，坚持正确的职业理想并为之奋斗，形成正确的职业态度和积极的择业心态，树立高尚的职业价值观。

（三）增强责任意识教育

社会的发展规律、教书育人规律和人才成长规律告诉我们，教育工作不仅要传递知识，更要将立德树人为目标，满足人的自身发展需要，还要实现社会和国家的期待。大学生的职业价值观教育要引导学生有一定的社会责任感，这不仅是正确的职业价值观教育中情感教育的必要要求，更是大学生培养自身健全人格的基本要求。大学生正处于人生的快速成长阶段，三观尚未完全成熟，对新事物接受能力强，但是鉴别能力和面对事情正确理性判断的能力有待加强，培育学生的正确思想观念，引导学生主动承担社会责任，对大学生的成长成人都至关重要。

为推进中国特色社会主义伟大事业培养有责任有担当的好青年，不仅有利于社会的发展进步，也有利于国家繁盛。

作为社会主义伟大事业的建设者和接班人，高校大学生都将投身社会，在工作岗位中展现自己的才能，实现自己的价值。培育学生的社会责任感，让学生明白工作不仅是获得薪酬，追求物质回报和更高的社会地位，更是体现个人的社会担当和创造社会财富、促进社会发展的平台，企业作为个人工作的一个载体，也是社会运转、经济发展的一个细胞。大学生要认识到主动承担起企业发展的重任，用付出和汗水让企业发展壮大才能实现个人的成功，社会是一个人成长生活的地方，社会的和谐稳定繁荣富强也是一个人生活便利舒适的前提和保障。引导学生正确认识个人利益与社会集体利益的关系，学会处理个人发展与社会发展之间的关系，既有"小我"个人价值的成功，又顾全"大我"为社会发展做出贡献。正如习近平总书记所说，当代大学生应当树立远大理想，同时又能从实际出发，切实转变就业观，勇于到条件艰苦的基层中去锻炼自己，一步一个脚印地踏踏实实地走好人生路。在工作中踏实奋进，把职业理想和企业需求社会发展结合起来，才能不负自己的理想抱负，也不负社会发展的责任重托。

四、加强辅导员与专业教师对大学生职业价值观的协同培育

（一）提升辅导员对大学生职业价值观的引导力

辅导员"亦师亦友"的身份容易得到大学生的情感认同，辅导员还需要不断提高自身的政治素养、知识阅历、工作技能等方面的综合素质，尤其是在充当大学生"人生导师"和"引路人"这一重要的岗位职责中，要通过专业培训，学习职业生涯规划、就业指导、人力资源管理等相关理论知识，增强自身职业指导能力的专业性和作为"师"的权威性，以得到大学生对辅导员的专业认同。在具体方法上，辅导员可采取的方式是多样和灵活的。比如说，介绍往届优秀校友的求职经验；用主题班会的形式弘扬中国传统的家国情怀；通过个别谈心方式关注个别学生的职业取向；辅导员也可以现身说法将自己的职业价值观倾诉给学生，等等。总之，辅导员对大学生的职业价值观引导要提上超前位置，不能将其弱化在日常事务工作之后。辅导员也要运用与大学生交往最为密切的优势，善于纠正学生价值取向上的偏差，运用自己的专业知识和实践经验，引导大学生摒弃错误观念，以潜移默化的感召力引导学生树立正确的职业价值观。

（二）强化专业课教师对大学生职业价值观的培养

事实上，高校的价值观教育从来都不只是思想政治课教师的责任，任何一门专业课程中都蕴含着专业价值，从而影响到学生的价值观，而每一名专业教师的言传身教也同样影响着学生的价值判断。因此，专业教师必须以学生为本，在教学中可以巧妙运用专业课程中的育人元素，从课程中深度挖掘隐形教育资源，将价值观教育融入专业教学中，达到"润物无声"的育人效果，这种价值观的融入模式不能是生搬硬套、生硬强加的，教师要在与学生的互动中激发学生的自主性，使学生能够在自觉行动中受到启发。专业课教师需要在教育培训中、在专业考核中不断提高自身的育人能力。

（三）辅导员与专业教师共同发力搭建协同育人平台

高校在教育理念上要形成共识，学生的价值引领不单单是思想政治课教师和辅导员的职责任务，按照立德树人的使命要求，高校内的所有专业教师、辅导员都要增强自身的使命感和责任感，自觉摒弃思想上的条条框框意识，向协同配合、共同发力转变，做好大学生职业价值观培育工作。在教育教学实践层面，加强辅导员与专业教师在教学实践方面的伙伴式合作，鼓励通过开展专业学习竞赛活动、创新创业教育实践活动，实现第一课堂与第二课堂的深度融合、协同共进。大学生职业价值观培育是一个课堂内外共同渗透作用的开放的培养体系，高校要搭建起合理的培育载体和平台，系统配置高效的教育资源，提升辅导员与专业教师工作协同的成效。高校可以建设一批优质的课题项目，选出优秀示范课程和示范教师，发挥知识体系教育和思想政治教育相结合培育大学生职业价值观的优秀课程的示范作用。辅导员与教师也可以有效利用微信群、QQ群等沟通平台加强交流合作，共同探讨大学生职业价值观培育的共性问题和个性问题，以做好大学生的价值观引导。

五、用好大学生职业价值观教育的有效载体

（一）注重社会实践培育平台

学生的职业价值观需要在社会实践的不断检验中来得到锤炼、修正和完善。学校教育是帮助学生完成自身专业理论知识的储备，如果没有相应的社会实践作为支撑，职业价值观的理论知识会变得僵化枯燥、脱离现实，成为纸上谈兵。

（二）加强网络媒体培育功能

1. 开发网络平台

由于微博本身的娱乐性和在学生中的高度普及，当前高校的微博成为学生关注了解学校的重要途径，高校应该利用微博职业价值观教育的相关内容和话题，与学生多进行互动交流，提升学生关注度与参与度，随时关注学生的职业价值观状况；近两年短视频的迅速发展，使我们看到了互联网新的可能性，学校可以将职业价值观教育的整体内容做好细分，将知识点和小技巧以及相关实例、人物故事按照小视频的内容体量，更新到相关的短视频平台上，利用短视频短平快的特点，通过学生的浏览加深对知识点的记忆，还可以巩固课上知识及相关易错点。

2. 做好网络宣传

例如要包含社会主义核心价值观正向宣导，要加强对先锋模范真人真事、每日一句名人名言的报道和宣传，对课堂知识点的筛选整理之后对易错点的重点回顾，与线下课堂互为补充。

3. 完善网络监管

学校应该利用好校园网络的监管和筛选功能，面对信息繁复的庞杂的网络环境，高校应该加强网络监管，让学生的浏览内容脱离低俗和错误导向，更加积极向上。

（三）激发学校内部引导效力

根据学校本身的职业价值观教育的相关课程，校内的实践教学部分也应该作为课堂短板的补齐，引导学生对知识进行系统化地学习。

首先，开展职业价值观内容的讲座。为了让学生不止从职业生涯教育和职业就业教育中认识职业价值观，学校可以邀请研究职业价值观教育的学者进行讲座，也可以进行访谈式的主题对话，可以让学生进行现场参与，也可以进行线上直播的讲座和访谈，参与和举行的成本更低，学生参与人数也不受限制，也可以邀请劳动模范人物进行访谈或者演讲，用实际的案例感染学生，帮助学生树立正确的职业价值观。

其次，在校内开展职业价值观实践活动。通过举办职业生涯规划大赛和模拟企业运行沙盘大赛等活动，让学生模拟角色，在角色中获得体验，从体验中提升价值观念，学校可以邀请企业家以及社会招聘的人员作为评委进行点评发言，从成熟直观的角度来解读职业价值观，了解优秀企业对员工的职业价值观要求，帮助学生客观公正地认识到自身的优势和不足，明确学生的职业价值观学习目标，引导学生努力学习，完善自身，启发学生在成长的过程中形成积极健康、符合企业发展要求和个人发展需要的职业价值观体系。

最后，搭建校内专家的咨询建议平台。相关老师专家轮流开通热线电话，了解学生的现实诉求，解答学生的不解之处，利用辅导员老师和学生会开通批评建议的电话、邮箱、信箱，广开言路，收集学生的批评建议，有则改之，无则加勉，更好地构建课上课下紧密结合的职业价值观教育体系。在校园营造一个课上课下相互补充，线上线下相互联系，隐性教育显性教育互为联动的职业价值观教育环境。

第二章　高校大学生创新创业概述

本章为高校大学生创新创业概述，主要从四个方面进行了阐述，分别是创新、创新思维与创业的关系，高校大学生创业方法与途径，高校大学生创业流程与政策分析，高校大学生创业现状问题与优化路径。

第一节　创新、创新思维与创业的关系

一、创新

（一）创新的概念

创新是指人们为了发展的需要，运用已知的信息，不断突破常规，发现或产生某种新颖、独特的有社会价值或个人价值的新事物、新思想的活动。它有三层含义，一是更新；二是创造新的事物；三是改变现状，就是对原有的东西进行改造、改革和发展。

从人类社会的发展过程看，创新是人类特有的认识能力和实践能力，是人类主观能动性的高级表现形式，是推动民族进步和社会发展的不竭动力。在中国大陆，"创新"一词出现的频率很高，一个民族要想走在时代前列，就不能没有思维创新，一刻也不能停止理论创新。我们社会发展的现阶段，"创新"一词还包含了改革的意思，改革被视为经济发展的主要推动力，广泛运用于商业、技术、社会学以及建筑学这些领域的研究中，有着举足轻重的分量。

（二）创新的特点

1. 普遍性

创新存在于一切领域，在任何地方都可以创新。

2. 永恒性

创新是人的本能，受人类自我实现本能的支配。只要有人类，就有创新，创新永远不会终止。

3. 艰巨性

创新是相对于他人的首创行为，必定是超前的，难以得到他人的理解和支持，甚至要承受质疑、反对等相当大的压力或身处艰难的创新环境。创新本身是做前人或他人没有做过的事，取得成效的过程、方法和技术等都需要探索，因此带有不确定性和技术上的难度。

4. 社会性

创新最终要形成成果才能贡献社会。完成一个创新成果，才能实施。创新的实现是在社会中完成的，具有社会性。现代社会分工细化，所以创新不可能靠单打独斗来完成。

二、创新思维

（一）创新思维的含义

创新思维是创新能力的基础和前提。要想提高创新能力关键是提高创新思维能力。创新思维作为一种富有开创意义的思维活动，是人类大脑的一种思维方式，是人们在准确把握科学规律的基础上，通过打破常规思维习惯，挖掘新思路，用新颖独特的方法从多个角度解决问题的思维方式。

创新思维可以分为广义和狭义两种。广义的创新思维是人们在提出和解决问题的过程中有助于创新的所有思维活动。从广义上讲，创新思维不仅包括人们在思维活动过程中直接提出所有新解决方案的思维方式，还包括人们间接地参与创新的思维方式。狭义的创新思维严格地说是一种具有开创意义的创新思维过程，这意味着人们更加关注创新活动中创新成果的直接形成，例如灵感、洞察力、直觉和其他非逻辑思维形式。

（二）培养大学生创新创业思维的必要性

1. 培养学生的创造力

培养学生创新创业思维并不是一味地引导学生最终走向创业的道路，创新创业教育的实质在于培养学生的创造力。当代大学生积极参与相关部门和单位组织的各种大学生技能大赛,是提升学生创新创业能力的有效途径。通过参加相关赛事,可以培养学生自我认识和独立思考的习惯,引导学生养成创新性思维模式,培养学生创新创业精神和意识,挖掘他们的潜力,提升在校大学生自主学习力、实践创造力。除了相关赛事,学生还可以通过参与学校的科研实践和导师的项目,提升实践能力,培养创新意识,激发学生探索创造的欲望,增强自身的创造力和踏入社会后的竞争力,来达到提升学生分析问题、解决问题的能力。

2. 实现校园"双创"融合的目标

我国高校肩负着培养建设国家人才的使命,"双创"教育是时代发展对高校提出的要求。"双创"教育在校园内的融合本身推动了多数学生的参与,同时也为创新者未来创业奠定基础。高校培养学生的"双创"精神,本身也可以让将来择业的学生创造岗位,为他人提供就业的可能。"双创融合"是高校教育改革的必经之路,越早着手行动,主动权越大,也能更快地实现跨学科和专业的合作,满足企业的需求,培养出复合型的人才。

3. 适应社会发展需求

新时代的高校,需要立足于时代的需求,勇于担负培养和提升大学生创新创业能力的使命。高校培养具有创新创业能力的人才也是符合国家发展的需要,实现科技强国的目标。"双创"教育能够帮助在校大学生更好地适应社会的发展和用人单位的需求,增加学校就业率;发挥高校学生的创造力,通过创业带动就业,缓解社会整体就业压力,推动社会进步,为社会创造价值。

(三)当代大学生创新创业思维的培养模式

1. 学生个性化

"双创"教育不是为了学生向一个固定的方向发展,不同的学生可能根据不同的性格、不同的思想等对创新创业有着不一样的认识,由此要因材施教对学生进行教育管理,对全校大学生进行创新人格的培养、个性的发展和思维方式的引导。同时也要兼顾不同学生对于创新创业的参与经历和经验,在进行创业教育的工作中,根据不同成员的长处,将其放在合适的位置上。创业团队对每位成员的要求不同,比如创业创始人需要有独特的识人能力、统筹全局的管理观念,而营销人员需要优秀的口才和简单的微表情识别能力等。所以只要是想参与创新创业的大学生,在经过一定适应性的训练之后,在创业团队中都会有自己的用武之地。

2. 思维引导化

开展丰富多彩的创新创业思维教育主题活动，引导学生的创新创业思维。现代教育强调教育教学过程是以点拨、启发、引导、开发和训练学生的创造力才能为基本目标的一个高度创造性的过程。传授创新创业知识是一个比较漫长的过程，并非是一次性把知识强行"灌"给学生，这样非但达不到效果，也不符合创新创业教育的本质要求。在进行创新创业教育的同时，应该更加注重学生的想法和创意，开发他们的创新思维，对学生进行引导式教学。在创业的过程中，学生如果无法自主思考，一味地寻求导师的引导和帮助，那整个创业过程就失去了意义，学生没有得到锻炼，长此以往，学生创业形同虚设。

3. 专业背景化

创新创业教育应当是专业教学与创新创业教育的有机结合，是在学生充分掌握专业知识的基础上，重视学生的创新创业精神、思维的培养，将专业知识与实际生产相结合，通过创新创业思维将基础知识转化为实际生产力。这就希望参与创新创业的学生来自各个专业，要根据学生的专业背景开展相关的创新创业教育活动和讲座，从学生的专业背景和研究方向出发寻找新的创意，这样达到的效果往往是令人满意的，可以激发学生对项目的兴趣和认同。通过与专业知识相结合造就出来的创业项目对学生的发展也是有益处的，相当于学生一边学习相关知识，一边进行实践，提升学生的专业兴趣。而如果对每位学生都采用统一的培训方式，可能就会导致学生大幅度跨学科专业做项目，完全脱离原有的专业背景，在陌生的创业项目、陌生的创业领域进行创新创业教育，这样的教育教学只能是事倍功半。

4. 课堂定制化

高校应采取课堂教学与实践教学相结合的方式，建立互联网创新创业思维培养体系。现在已经完全进入了互联网时代，仅仅采用传统的线下教学可能并不能达到很好的效果。学生在进行专业知识的学习之后，应在互联网上再进行相关资料的查找和学习，这样能够发现一些新的问题，也能和其他同学进行讨论，从而进一步完善课堂教学效果。创新创业教育和专业基础课也存在很大的不同，"双创"教学最好是理论和实践相结合，让学生在学习理论知识之后立刻投身各个创新创业项目的实践中，切实体会自己在这个项目中可以做些什么，在锻炼中成长。

5. 创设众创空间

让学生对"互联网+"模式下创新创业形式增加认知，不断萌发创新创业意识，并逐步提高学生对创新创业的兴趣和爱好。有些创业项目的失败并不是真正意义上的失败，可能是学生在萌生想法和创意之后发现没有办法去实施，也无法找到相关领域的专家进行求助，这是十分可惜的。由此，在高校的创新创业工作中，相关领导和专家一定要考虑全面，从学生有想法并希望创业、开始撰写商业计划书、到真正创立公司开始运营公司的每一个步骤都应考虑到，为学生提供全面的服务，帮助、引导学生创业。其中，创设众创空间是一个十分关键的关节，让有一定实施可能性的项目入驻众创空间，辅以相关的创业专家进行一对一指导，从而有效提升学生的创业成功率。

6. 校企联动机制

现代教育发展理念要求学生不仅要掌握较为牢靠的基础知识，而且要有一定的动手操作实践能力。校企合作也是一个很好的方案。校企合作本身就是为学校的"双创"教育搭建平台，通过校企联手，引进企业专家代课讲授创新创业思维相关课程。他们凭着丰富的创业经验、较强的创新创业意识，在讲授的过程中会大大提高人才培养质量，将有利于创新创业思维人才的培养。

三、创业

（一）创业的概念

广义的创业概念，是指社会生活各个领域里的人们为开创新的事业所从事的社会实践活动。广义的创业突出强调的是主体在能动性的社会实践中所体现的一种特定的精神、能力和行为方式。

狭义的创业概念指创业是一个经济学的范畴，是指主体以创造价值和就业机会为目的，通过组建一定的企业组织形式，为社会提供产品服务的经济活动。狭义的创业概念包括两个相互关联的内涵。

（二）创业的要素

由创业活动的过程可以提炼出创业的要素，包括创业者、商业机会、技术、资源、组织、产品服务等几个方面，如图 2-1-1 所示。

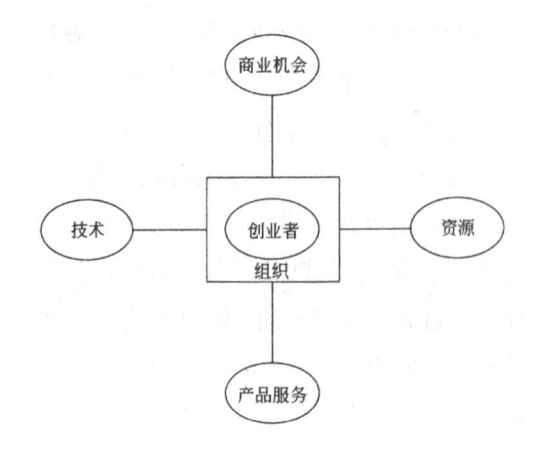

图 2-1-1 创业要素

1. 创业者

创业者是创业活动的灵魂。创业者创建组织,并在创业过程中起着关键引领、实施创业活动的作用,是创业活动的第一要素。

2. 商业机会

创业者往往从发现和识别商业机会开始创业。包括机会识别、可行性分析、产品分析以及开发有效的商业模式等。创业过程就是围绕着商业机会进行识别、开发、创造价值的过程。

3. 技术

技术进步经常与经济、社会变化相结合,共同创造市场机会。技术之所以能成为一定产品或服务的重要基础,关键在于要识别出技术如何被用来满足人们基本的或变化的需求。产品与服务中的技术含量及其所占比例,构成企业的核心竞争力。

4. 资源

企业是资源的集合体。创业资源是指创办和运营企业的各种生产要素与支持条件。资源包括各种人、财、物,不仅指厂房、设备等有形资产,也包括知识产权、品牌等无形资产。

5. 组织

创业者建立组织作为创业活动的载体。创业组织的效能影响着创业目标的实现,主要体现在能力、效率、质量和效益四个方面。而创业型组织的特征往往表现在创业者强有力的领导和组织建设的薄弱方面。

6. 产品服务

产品服务是创业活动的结果，体现了创业者为社会创造的价值。产品服务创造的价值越大，在市场上越受欢迎，创业活动的效益就越大。

创业要素的关系如下。

第一，创业者是创业活动的组织者，是创业组织的建造者，是产品服务的缔造者，是创业活动的灵魂。

第二，商业机会是创业活动的重要驱动力，技术和资源是创业活动的必要保证，组织是创业活动的载体，产品服务是创业活动的结果和价值所在。

第三，创业是具有创新创业精神的创业者、商业机会、组织与技术、资源等要素相互作用，以及生产产品服务、创造社会价值的动态过程。

四、创新与创业的关系

（一）创新与创业的联系

创业不一定都能产生创新，但创业的成功一定是以创新为基础的，从创新对创业的引领角度，我们认为创新是一个产生新事物、新创意，并将其商业化的过程。创业与创新密切联结。创业往往由创新催生，创新因创业而产生商业价值。当今的企业竞争已从物质资本与市场的竞争转移到了企业间创新能力的竞争，创新是企业可持续发展的必由之路。创新的最终价值在于将潜在的知识、技术和市场机会转化为现实生产力，实现社会进步，造福人类。实现这种转化的根本途径是创业。同时，创业可以推动新发明、新产品和新服务的不断涌现，源源不断地创造出新的社会需求，从而推动和深化创新，拉动经济增长和社会进步。

（二）创新与创业的不同点

第一，创新是创业的源泉，是创业的本质。创业者在创业过程中需要具有持续旺盛的创新、创新意识，才可能产生富有创意的想法或方案，才可能不断寻求新的模式、新的出路，最终获得创业成功。创新的价值在于创业，从某种程度上讲，创新的价值就在于将潜在的知识、技术和市场机会转化为现实生产力，实现社会财富增长，造福人类社会。而实现这种转化的根本途径就是创业。创业者可能不是创新者或发明家，但必须具有能发现潜在商业机会并敢于冒险的特质；创新者也并不一定是创业者或企业家，但科技创新成果则经由创业者推向市场，使其潜在价值市场化，创新成果才能转化为现实生产力。

第二，创新推动并深化创业中新发明、新产品或新服务的不断涌现，创造出新的市场需求，从而进一步推动和深化科技创新，进而提高了企业或是整个国家的创新能力，推动经济增长。

第二节　高校大学生创业方法与途径

一、大学生常见的创业方法

（一）SYB 创业十步法

SYB 的全称是"Start Your Business"，意为"创办你的企业"，它是"创办和改善你的企业"（SIYB）系列培训教程的一个重要组成部分，由联合国国际劳工组织开发，为有愿望开办自己中小企业的朋友量身定制的培训项目。SYB 创业十步法依次为：衡量自己是否适合创办企业；建立一个好的企业构思；评估自己的市场；企业的人员组织；选择自己的企业法律形态；企业的法律环境和责任；预测自己的启动资金；制订自己的利润计划；判断自己的企业能否生存；创办自己的企业。

SYB 创业十步法重点在于以解决就业为目的的创业，而非创新型创业。在移动互联网时代，能够改变人们生活、为世界带来根本改变的，是创新型创业。因此 SYB 十步法主要是创业所需做的一些基本事项，但对如何通过创新来形成具有竞争力的商业模式等方面却未当成重点。从国家创新驱动发展战略角度来讲，SYB 创业十步法无法满足创新型创业的方法论需求，说明了 SYB 创业十步法只是告诉学生需要做哪些事，但却没有帮助学生理出创业核心竞争力构建的逻辑思路。学生学的是"知识"，而不是"理解/观察"。

（二）MIT 创业 24 步法

MIT 全称是"Massachusetts Institute of Technology"，是指麻省理工学院。MIT 的 24 个创业步骤彼此独立，但大致可以分为以下 6 个主题：自己的客户是谁？自己的公司能为客户提供什么？客户怎样购买自己的产品？自己如何通过产品赚钱？如何设计和开发产品？如何让业务规模化发展？

具体的 24 步包括：市场细分；选择切入点市场；明晰最终用户特征；估算切入点市场规模；刻画切入点市场用户模型；产品的全生命周期使用案例；产品

的核心规格；量化价值定位；识别10位早期客户；定义自己的核心竞争力；形象化展示竞争地位；明确客户的决策团队；绘制获取付费客户的流程；估算后续市场的规模；设计商业模式；确定定价策略；估算客户终身价值；绘制销售流程图；估算客户获取成本；识别关键假设条件；测试关键假设条件；定义客户最可能购买的基本产品；验证客户付费意愿；设计产品方案。

MIT创业24步法的特点是着眼于技术创新的产品，从客户需求出发，设计具有竞争力的商业模式，是比较全面的创业步法。不过，对于广大初涉创业的青年人而言，24步法有些过于烦琐，各步之间的逻辑关系难以快速把握，不易消化。

（三）AG六步创业法

AG六步创业法是硅谷中国跨境天使平台（简称AG）创始人詹朋朋博士在长期从事创业孵化投资过程中总结出来的，致力于帮助创业者快速构建新时代背景下的创新型创业框架的简化工具，帮助学生理出创业核心竞争力构建的逻辑思路。学生通过案例学习，获得理解和洞察，以指导行动，并将知识转化为技能，以指导行动。具体体现为AG六步创业沙盘（图2-2-1）。通过AG六步创业沙盘可以看出，AG六步创业法不同于SYB创业十步法，前者从创新型创业出发，从市场痛点出发，寻找创新的解决方案，并充分考虑核心竞争力的构建，因为核心竞争力是新时代创业必须考虑的，任何好的科技产品或商业模式，如果不能形成持久的核心竞争力，都难以在激烈的市场竞争中脱颖而出。

图2-2-1　AG六步创业沙盘

与MIT创业24步法相比，AG六步创业法比较简明，各步之间的逻辑关系比较明确。当然，MIT创业24步法中的大部分内容，也融合在了AG六步创业法中，只不过是将一些内容整合为一步而已。AG 六步创业法之所以精简为六步，是因为六步相对来讲比较好记，其做法是先把大的框架画出来，把可归类的归类，然后在具体分析时再展开每一步中的内容。

二、大学生创业途径

（一）传统创业途径

所谓传统创业途径，即大学生自主创业选择中，大多数人所选择的一种比较广泛、典型、普遍的模式，具体包括提供产品为主和提供服务为主两种形式。

1. 提供产品

传统创业途径中的提供产品是指大学生创办以营利为目的、以项目发展为重点、投入一定资金的商业性经营活动。该途径的基本过程如下。

首先，学生在进入以提供产品为主的创业途径之前，应该着重培养自己的商业意识，拓宽知识面。围绕市场进行创意，发现别人尚未发现的市场空间，并对商业机会做出快速反应；其次，通过从小事起步，积累原始资本；第三，看准市场，创办实体。这个阶段，大学生可以在原有的基础上，通过贷款、集资等形式创办自己的经济实体。

这类途径的特点是从单一项目发展而起，瞄准一定的客户群体和一定的市场需求，进入门槛较低，各类专业的大学生均可在这一途径中找到出路。其难点在于启动资金、市场定位和市场开拓。

提供产品这类创业途径要求创业者具有以下几个意识：第一是敏锐的商业意识，第二是良好的经济意识，第三是坚韧的品格。

2. 提供服务

传统创业途径中的提供服务是指大学生提供以智力为主的社会服务，以满足人们提高效率、节省精力的需求。该途径的基本过程是：首先需要大学生在学习期间有所倾向地精于某一方面的专业知识和专业技能，能够独当一面；其次，积极参加社会实践，做到学以致用；第三，补充一定的商业知识和营销知识，为自主创业打下一定的能力基础；最后，根据自己的专业知识与商业知识，创办实体公司。

该途径的特点是需要大学生具备一定的专业知识背景，能够充分发挥大学生个人的专业特长与优势，创业与经营成本较低。但是，大学生在起步阶段可能会由于缺乏管理经验或缺少社会资源、技术资源、资金资源、客户资源等，从而使自身的生存压力较大。传统创业途径中的提供服务通常适用于具有一定专业背景、掌握了某项专业技能的学生。例如，适用于外语专业、心理学专业、师范专业、医学专业、艺术专业学生的翻译公司、心理咨询室、培训机构、诊所或者设计公司等。

（二）网络创业途径

互联网的蓬勃发展不但衍生出许多新兴的行业，也将给大学生自主创业活动带来巨大的契机。这一途径的基本过程是这样的：首先需要大学生创业者有理性的心态。第二，选择方向。网络创业有三大方向：软件服务业、咨询服务业和电子商务业。大学生可以凭借专业知识开发出符合市场需求的软件，也可以通过建立设计数据库让网民迅速找到自己所需要的信息。第三，深入网络进行创业。在这个阶段，大学生必须有耐心和毅力，利用已有的交易系统、交易规则、支付方式和成熟的客户群，以技术为核心，发掘客源，开拓市场。

网络创业的特点是成本低。对网络创业者来说，初期投资金额小，开展业务的费用也比较少。其次，风险小。网络创业初期的投入并不高，就算失败，重新开始的机会也很大。再次，投资容易控制。网络创业能较好地控制建店成本和日常维护，没有资金压力及库存积压。最后，方式灵活。网络创业营业时间不受限制，交易不受距离限制。

网络创业是年龄较小、缺少社会经验又无启动资金的初涉商业的大学生创业族的理想创业平台。

平台的构建往往以网站、系统、应用程序等形式呈现出来，通过利用计算机技术、云数据处理技术，打造综合性网络平台，通常基础的网络架构以客户机/服务器模式、浏览器/服务器模式为主。C/S是直接由客户机和服务器构建的平台系统，是当前新兴的网络结构模式，通过客户端能够直接对接服务器，如当前手机上大量的App都是在该架构的基础上研发的；B/S模式则是建立在计算机浏览器、网页以及数据库的基础上打造的网络平台，如当前大部分的电脑网站都是以此架构为基础建立的。以此为依据，可以打造多种类型的创新创业平台，同时以满足学生的多样化需求为目的进行基础模块设计。

（1）在线学习模块

在线学习主要是通过在线课程实现创业知识与互联网专业知识的传递。在网络平台上，院校可以加入课程视频，通过前期录制上传或每天定时网络直播的方式来开展在线学习。同时，平台要配备充足的数据库，方便学生进行相关资源的下载以及重复浏览，这种方式最大的优势便是可以利用大数据本身的分析能力与整合能力，帮助学生快速地定位其创新创业的主要方向。另外，平台还可以通过对学生自身专业的分析，引导学生填写自身评价表格，并结合填写的内容，为其提供针对性的创新创业方向和具体的研发项目。这种模式不仅能够帮助学生积累一线经验，而且可以提升信息分享和交流的质量。

（2）创业实践模块

创新创业本身具有极强的实践性特点，院校在利用互联网打造创新创业平台的过程中，还需要为学生提供实践模块，这就需要打造创意数据库、举办创业大赛活动来提升学生的实践能力。例如，将创意库、案例库、校内外资源库、专家库以及创业大赛项目纳入其中，为学生提供可参考的典型案例和具体的实践途径，进一步打通学生与企业之间的沟通渠道，让相关专家给予学生专业指导，通过校内外资源体系的整合，将学生自身的创业想法转变为具体的创业行动。这一过程前期可以让学生在足不出户的情况下，直接了解社会发展态势与企业的实际岗位需求情况，并根据需求，拟定创新创业方案，借助平台的指导逐步落实，最终形成创业计划书，参与到区域内大学生创业联赛中。这种模式不仅能够帮助学生积累经验，而且可以促使创业活动真正落到实处，为后续的社会实践奠定基础。

（3）落地服务模块

当学生本身的创业项目逐步成熟后，学生便需要走出校园，走入社会，进行创业项目实践。但是，由于多种因素的影响，学生的创新创业会受到一定的限制，那么落地服务模块便需要为学生提供有效的支持，如某院校结合互联网搭建了多方沟通平台，设立了初创孵化项目以及天使投资人项目，直接对接创业者联盟并且以此为主体，确保大学生在创新创业的过程中能够获取相关资源和支撑，及时取长补短，加强学生与企业、社会之间的联系，获取更多的基础设施与资金支持，进一步降低学生创新创业的难度。

（三）政策性创业途径

政策性创业指大学生按照国家的产业政策或政府的相关决策进行自主创业，是源自政府对社会经济均衡发展和大学生自主创业活动的统筹规划，大学生应该有远见地看到在产业转移过程中，有大量的中间地带、过渡地带等待开发。在国家政策的支持下，抓住西部大开发、新农村建设、小城镇发展和城市社区建设的有利时机，在建设社会主义新农村、大学生村官创业、城镇化建设、西部大开发、社区项目等广阔天地中开拓自己的事业。政策性创业途径具有鲜明的特点，即政府主导型，政府通过一系列优惠政策进行调控和扶持，帮助和引导大学生做大做强自己的事业。

1. 乡村创业

首先大学生对政策及时进行追踪，在国家政策的指导下自主创业。其次，要有对市场敏锐的洞察力。大学生在农产品的初加工、深加工以及综合利用方面，发展优质、高产、高效农业等现代农业领域均可以成功进行创业。第三，要有创业的信心和不屈不挠的吃苦精神。

乡村创业的特点在于要求大学生心系祖国社会主义新农村建设，更要有艰苦奋斗的作风，将自己的理想与祖国建设紧紧相连，创办适合农村特色的有利于农民经济生活发展的企业。

首先，应注重创业政策的针对性、系统性和有效性，建立健全科学、完善的大学生回乡创业优惠政策体系。应建立完善的大学生回乡创业优惠政策体系和配套措施，这是一项艰巨的系统工程，应从四个方面入手：一是建立健全大学生回乡创业激励政策、创业需求政策、创业供给政策和创业资源配置政策；二是建立健全大学生回乡创业专项资金政策、吸收社会风险资金政策、融资担保政策、财政税收扶持政策、创业教育政策、创业孵化园扶持政策和土地征用政策；三是建立健全大学生回乡创业市场竞争政策、科技成果转化政策和创业信息资源共享政策；四是建立健全大学生回乡创业社会保障政策、公共服务政策、投资环境政策和舆论导向政策，制定《大学生回乡创业法》。同时，加强对大学生回乡创业政策环境的科学调查，切实掌握大学生回乡创业的实际需求，明确大学生回乡创业优惠政策和配套措施的落实情况，从而建立健全大学生回乡创业的长效机制。

其次，应建立"政府、高校、企业和回乡创业的大学生四位一体"的创业环境优化机制。具体实施步骤是：政府及时出台一系列有利于回乡大学生创业的优惠政策和配套措施，内容翔实具体，具有很强的可操作性；建立小学至高校的完整的创业课程体系，注重师资创业经验的积累和引领，强化高校创业孵化基地的历练，加大高校与企业之间的创业技术交流和业务合作力度；注重大学生在企业和农村生态园等地的见习和实习，提升大学生实际创业能力。

最后，加强大学生回乡创业的宣传力度，赢得社会各界的舆论支持，搭建大学生回乡创业网络信息平台。有效利用互联网建立舆论支持、政策发布和信息共享的大学生回乡创业信息平台，成为提升大学生回乡创业成功率的重要举措。为了及时发布、学习和掌握大学生回乡创业优惠政策，应建立大学生回乡创业协会和大学生回乡创业网络信息平台，通过网络、微信及时了解和学习新的政策及实施措施，加大对大学生回乡创业优惠政策的宣传、解读和咨询力度，交流创业信息，反馈优惠政策和配套措施实施过程中存在的问题，从而进一步完善大学生回乡创业政策体系和相关的配套措施，建立科学有效的大学生创业信息资源共享体系。

2. 西部创业

引导大学生到西部去，到祖国和人民最需要的地方去建功立业，对于促进西部贫困地区的教育、卫生、农业、经济和社会等事业的发展具有重大意义，也是拓宽大学生自主创业渠道的一条重要途径。该途径的基本过程是，首先大学生必须对我国西部地区有一个全面的了解和认识，既要了解其艰苦环境，又要看到西部大开发的巨大市场潜力；第二，针对西部地区的实际情况，找准适合西部发展的事业方向，构建符合西部特色的创业项目，拟定创业计划；第三，申请国家创业基金，或者自己在市场上进行融资，发扬不怕吃苦、敢于拼搏创业精神，把个人的事业与西部地区的发展联系在一起。

西部创业关系着西部地区经济发展、社会稳定和民族团结，关系到东西部地区协调发展、祖国统一、国家安全和社会和谐的重大战略。

3. 社区创业

社区创业就是要把自主创业和社区服务结合起来，发动和组织社会力量开展社会化服务，为社区居民提供便捷的生活服务和舒适的居住环境。首先，大学生在校学习期间应当有针对性地学习和掌握社区政治、经济、文化、环境等方面的知识技能，以满足未来到社区创业和服务的基本知识及能力需求；其次，不同社区具有不同社区文化，大学生创业者可以利用假期或者课余时间，直接进入社区实地实习，深入调查研究，因地制宜地提出创业项目；最后，毕业后直接申请到社区创业，在为社区居民提供服务的同时，开创自己的事业。

社区创业的业务半径较短，要求创业者自身所拥有的专业技术能力具有如下几个特点：第一，综合性，从服务对象上看，涉及社区内的所有个人、家庭和单位；从服务内容上看，涉及与人的生存和发展的方方面面，衣食住行娱乐等。第二，进入门槛低，内容丰富，市场广阔，形式灵活多样。第三，公益性与营利性并存。第四，鲜明的地域性。各地区经济社会基础和发展条件各有不同，不同社区、不同人群的创业服务需求点具有不同的特点。

三、开拓大学生创业途径的探索

（一）落实学生心理素质培育工作

创新创业行为往往取决于大学生本身的主观意愿，但当前部分学生的创新创业积极性不高，心理承受能力和抗压能力有限，导致其在创新创业的过程中存在畏惧情绪和较大的心理压力。因此，院校必须有效落实学生心理素质培育工作。院校可以利用互联网为学生提供心理引导服务。例如，院校可以及时地开发校园内网，邀请专业人士以及专业机构入驻校园网络，并定期发布相关心理健康知识，为学生提供心理健康咨询通道。另外，院校还需要从创新创业角度对学生进行思想引导，如可以借助校园文化群、项目群、网络报纸、网络征文等方式，宣传前人成功的案例，让学生从中汲取经验；也可以邀请院校往届创业成功者来校开展讲座，对学生进行心理疏导，缓解学生焦虑情绪，进一步增强学生创新创业的自信心以及克服困难的勇气，培养学生面对逆境从容应对的精神，从而提升学生创新创业积极性。

（二）提升教师团队整体教学水平

互联网的高速发展，也对高校教师提出了更高的要求，即教师在掌握原有专业教学知识与教学科研能力的同时，还需要及时掌握各种先进的技能，才可以为学生提供更加专业的指导，满足新时代大学生的创新创业需求。而想要达成这一目标，一方面，院校可以借助互联网为教师制订针对性的能力提升计划，如通过网络为教师提供创业类、互联网类课程培训，让教师进一步掌握创新创业的相关理论知识与具体技能，并且作为知识传递的推动者，有效地落实好对学生群体的知识输出。另一方面，院校应为教师提供创新创业实践渠道，可以通过当前的模拟技术体系来完成这一任务。例如，当前在互联网产品领域已经诞生了大量以模拟经营为基准的项目，它们以游戏、测试、调研、沉浸式视频等方式存在，能够直接为参与者提供身临其境的体验。院校可以研发属于自身的沉浸式创业体验项目，让教师参与其中，进一步了解当前学生创新创业过程中面临的环境和困难，并以最终的营业利润作为评价依据，落实好教师培训考核。这样可以让教师结合实际情况为学生提供有效的引导和支撑，实现师生间的有效协作，进一步增强学生本身的创新创业能力，确保学生的创新创业活动顺利进行。

（三）加强高校学生社团对大学生创业就业的促进作用

针对大学生就业创业，各大高校开设了相应的教育课程，但这些课程都是理论知识的学习，创业实战项目相对较少，这对学生专业实践能力和自主创新能力的发展是不利的。而学生社团则可以有效弥补这一不足。学生社团中丰富的社团活动，能够为学生提供良好的实践平台。每次社团活动中的策划、组织、实施、监督等环节都是由学生执行的。在这一过程中，学生可以将创业就业理论外化为自主的创业行动，促进学生自主创新能力的发展。

1. 加大对学生社团专业建设的力度

为了将学生社团在促进大学生创业就业方面的优势充分体现出来，高校必须要加强对学生社团专业化建设的重视。首先，高校领导和管理人员必须要在思想上加强对学生社团专业化建设的重视，并制定一些实用性专业政策，鼓励和扶持学生社团的专业化建设，调动学生积极性。其次，学校应为学生社团提供更多社会实践机会，积极推进以社团为主体的社会实践组织模式，让社团成为学生专业实践和就业创业实践的重要途径。社会实践活动不仅可以让学生更为积极主动地参与社团活动，而且还能够对学生的就业创业能力进行有效锻炼，为他们创业就业奠定良好基础。最后，学生社团专业化建设离不开专业教师的指导，这就要求高校应做好社团创业就业方面的专业指导工作。学校应选派业务素养过硬、态度认真负责的教师担任社团创业就业指导，当学生社团在创业就业方面遇到困难时，可以适时提供指导和帮助，帮助社团顺利完成创业就业任务。这样不仅不会妨碍学生创业就业能力的锻炼，而且还可以让他们更好地体会到创业就业的乐趣，激发创业就业热情。

2. 通过丰富的社团活动，拓宽创业就业途径

随着教育改革的不断深化和科学技术的不断进步，高校学生社团建设也应与时俱进，不断创新发展。首先，高校社团的组建应更加专业化，不能流于形式。这就要求高校结合社会发展需求，鼓励和扶持学生组建创业就业类型社团，如大学生就业和创业专业社团、大学生企业家联盟等。其次，在学生社团的活动中，应秉承"增强能力，促进就业"的理念，并开展形式多样的社团活动，如大学生专业技能竞赛、大学生创业大赛等。让学生通过社团活动，提升自身创业就业的基本素养，并拓宽大学生创业就业渠道。最后，为了增强学生的实践能力，高校应充分利用学生社团，鼓励学生在进入专业实习之前，多参与社团实践活动，积累更多专业实践经验，提升自身的就业创业能力。这样可以使学生在就业市场上保持较高的竞争力，提升就业率。

3. 增强学生社团与用人单位和未来工作岗位的契合度

在促进大学生创业就业上，学生社团的发展应注重与用人单位和未来工作岗位的准确对接，积极争取社会力量的支持。首先，高校应加强与社会用人单位的联系，建立以职业为中心的雇主群体。简单来说，就是用人单位通过与学校社团合作，将一些项目交由学生社团负责，让社团自主完成人才招聘、项目分解等工作，最终完成项目。在这一过程中，用人单位可以从学生社团中选拔人才，为自己注入新鲜血液，同时学生也可以借此机会，获得就业创业能力的锻炼，实现双向共赢。其次，高校应加强学生社团文化的建设。厘清每个行业的文化概念，将每个学生社团所对应行业的文化渗透到社团文化建设中，促使学生社团的文化理念与行业文化价值观相一致。再次，将学生社团建立和发展的目标与学生就业创业能力的发展相结合。为此，学生社团需始终坚持促进学生基本就业技能、差异化技能和可持续发展技能的发展目标，促进学生创业就业能力的提升。最后，学生社团应与用人单位进行密切联系，即在校企合作的过程中，高校应充分利用好学生社团这一资源。积极开展丰富多彩的行业活动，提高学生的职业能力，给用人单位留下深刻印象。这就要求高校应指导学生社团，站在全局角度，对各个环节存在的就业能力进行合理把控，让参与活动的学生就业能力能够得到有效提升，为学生今后的就业发展奠定良好基础。

4. 加强对社团活动的资金人力支持

大学生社团缺乏充足的活动经费会导致一些有价值的活动难以开展，高校不仅要引导社团发展，还要提供必要的活动经费，加强对大学生社团活动的人力支持和资金支持。学校可以成立专门的创业就业基金，如果大学生社团活动对学生的创新、创业有帮助，那么就可以给予资金支持；学校也可以借一些好的创业思路吸引企业，促进社团和企业之间的合作，让企业为社团活动提供经费、技术等支撑。社团中一些好的活动规划如果缺乏资金都可以向学校寻求帮助，学校根据社团活动的具体价值来斟酌是否给予资金上的帮助。学校还可以借助自身的力量邀请一些成功的企业家给学生介绍创新创业方面的经验，尤其是给学生分享职业上真实的经历，加强学生对创新、创业的认知。

5. 推动高校社团间的相互合作

不同类型的社团有自身独特的特点，目前高校社团已经形成了较大的规模，类型比较多样，参与社团的学生数量众多。如果不同社团之间孤立行动，那么优秀的资源将无法充分得到利用，会影响社团活动的作用发挥。针对这种情况，可以加强高校社团之间的互相合作。共享一些优质资源，提升资源的利用率。社团之间可以形成社团联盟，共同开展就业创业方面的实践活动，让实践活动的内容更加丰富。社团可以模拟企业的生产经营来设计对应的实践活动，让学生在实践中了解和感受企业完整的运营网络体系，了解生产、运输和销售等不同的环节，知道企业不同职能部门的作用和工作职责，让学生在就业以及创业中更有优势。

第三节　高校大学生创业流程与政策分析

一、大学生创业流程分析

创业者在决定创业之前，要做出充分的物质和思想准备，明确自己是否具备创业条件。一般来讲，创业主要考察创业者、商业机会、技术、资源、组织、产品服务等几个方面的要素。创业者要具有强烈的创业意愿，能够建立起一个有效运行的创业团队，并且拥有有利的制度、政策、金融、科技和市场环境，获得相应的技术和资源。创业最关键的因素是开发了能够服务市场的产品，找到了创新性的商业盈利模式，企业为此进行目标市场选择和确定，能够明确企业的具体服务对象，这关系到企业任务、企业目标的制定和落实。

（一）筹备阶段

1. 目标市场的确定

在市场经济条件下，企业的生产和经营必须围绕市场的需求来组织，创业者通过创办企业在市场交易中进行经营活动以获得利益。由于新创企业资源有限，所以多数新创企业是通过市场细分来选择和确定目标市场的。一般来讲，用以进行市场细分的观测变量主要有以下四个方面。

（1）地理

主要包括区域，城市或主城区大小，人口密度，地形地貌（可划分为平原、高原、丘陵、山区、沙漠地带等），气候（可分为热带、亚热带、温带、寒带等），交通条件（可分为公路、港口、轨道交通等）等。

（2）人口统计

主要包括年龄（可分为儿童、青年、中年、老年等），家庭规模（可分为单身家庭、单亲家庭、小家庭、大家庭等），家庭生命周期（可分为单身、新婚、满巢、空巢、孤寡等），性别，收入（可分为高收入、次高收入、中等收入、次低收入、低收入等），教育水平（可分为硕士及以上、本科、专科、中专、高中、高中以下等），职业（可分为公务员、教师、医生、企业管理者、公司职员、演员、文艺工作者等），代系，民族，宗教，国籍，社会阶层（可分为可投资资产较高群体、企业高管群体、娱乐圈群体、白领群体、蓝领群体、农民工群体、失业群体等）等。

（3）心理

主要包括认知，生活方式，个性特征，购买动机（可分为追求时尚、追求实惠、追求新鲜、追求名牌、追求价廉等）等。

（4）行为

主要包括购买时机（可分为节假日、日常、升学期、购房期、拆迁、搬家、结婚、离婚、促销打折日等），购买地点（可分为商场、超市、门店、网络商店等），购买数量（可分为大量、中量、少量等），购买频率（可分为经常购买、一般购买、不常购买、潜在购买等），利益，使用者情况，品牌忠诚情况（可分为单一品牌忠诚、多品牌忠诚、无品牌忠诚等），准备程度等。

最后，企业应该确定细分市场的规模，以便在积极向前推进时知道潜在市场有多大。如果细分市场太小，即使细分市场上的顾客对其产品和服务很满意，企业成长很快也会出现停滞。有些时候，企业会试图同时进入多个市场从而将自己延伸得太广，以至于不能精准把握好最适合自己的细分市场。有些企业则会选择某个市场后草率进入，没有充分了解市场行情和顾客需求。市场调查可以帮助企业了解市场的详尽情况，从而抓住机遇，做出正确的决策。

2. 市场调查

所谓市场调查，就是采用一定的技术手段和方法，有目的、系统地搜集、采集、记录、整理有关市场的供求情况、价格情况及未来的需求取向等的一种方法，为企业确定市场定位、制定营销决策提供客观、正确的资料和信息。企业最普遍的十种市场营销调研活动是：市场特性的确认，市场潜量的衡量，市场份额的分析，销售分析，企业趋势分析，长期预测，短期预测，竞争产品研究，新产品的接受和潜量研究，价格研究。一般来讲，市场研究、产品研究、价格研究和消费者研究是企业市场调研的主要市场研究主要包括：市场特性，市场规模，市场需求（包括刚性需求、潜在需求、隐藏需求等），可能销量预测，市场动向及发展，市场增长率，市场对产品销售的反馈，市场占有率，市场竞争状况，市场细分研究和市场其他信息的研究。

产品研究主要包括：产品生命周期的研究、产品性能与特征研究、产品包装外观及品牌形象、新产品的开发和试销、产品的市场占有率和认知度、产品的顾客层、消费者对产品的态度和建议、竞争产品研究等。价格研究主要包括：价格需求弹性分析、价格敏感度分析（包括新产品价格制定和老产品价格调整产生的效果）、定价决策、竞争对手的价格变化情况、价格优惠策略的时机和实施效果评价、赊销条件和付款条件。

消费者研究主要包括：消费者的结构，消费者的购买动机，消费者的购买习惯（时间，地点），消费者的购买能力和频率，消费者的品牌态度（对产品和中间商的态度），消费者的品牌偏好（包括品牌转换情况），消费者的品牌忠诚度（包括品牌认知），以及消费者对产品和服务满意度。

3. 竞争对手分析

做好市场定位还要掌握竞争对手状态，商场上企业之间的竞争也如战场般激烈，在竞争性市场条件下，企业通过培育自身资源和能力，获取外部可寻资源，并加以综合利用。在为顾客创造价值的基础上，实现自身价值的综合性能力是一个企业的竞争力。

对竞争者概况进行准确描述，为企业决策者提供一份详细的评估分析报告，对于他们了解主要竞争对手的特点和状况，对其施行重点关注和监控，分析其下一步发展动向或应对竞争会采取的市场策略非常有帮助。

（二）组建创业团队

1. 明确创业目标，制订创业计划

明确的团队目标有助于个人自我价值与团队整体价值的有机统一，形成创业团队高度的凝聚力。明确的团队目标也为团队组建过程中需要怎样的团队成员提供了明确的指向。共同的创业目标能减少创业团队成员之间培养默契的时间，坚持同样的创业目标是创业团队成功的基础。

2. 招募团队成员，合理划分职责

在创业团队组建选择成员的过程中，要考虑专业的技术人员、管理人员在创业团队中的作用，充分考虑每位成员的职责，明确每位成员的职责，不仅仅能减少创业团队的用人成本，还能保证创业团队在高效的配合下稳步经营。

3. 在制度下运行，加强团队融合

一个创业团队要想长久发展，不仅需要长久学习，也要在制度的管理下运行发展。无论是创业团队成员的职业分配、成员的管理、收入分配、团队的发展等都应该有制度的操控。团队要想长期发展带来经济效益就应该在制度的框架下不断融合。

（三）融资

1. 大学生创业企业的商业融资形式

商业融资渠道所包含的种类众多，涵盖银行贷款、天使投资、风险投资、众筹、P2B等等多种形式，下面仅就六种常见的商业融资形式进行介绍。

（1）银行贷款

商业银行资金充足，是大多数企业的首选。其可以为企业提供固定资产贷款、流动资金贷款、专项贷款。但是，企业在创业初期很少使用。商业银行一般需要企业提供抵押、质押、担保，创业企业很难满足银行要求。商业银行为响应国家号召，支持创新创业，大多设立了针对创业的专项贷款。这类专项贷款的优势是：利率相对于其他贷款优惠较大，甚至部分省份还有贴息、无息的优惠；除此之外，商业银行还推出了针对创业企业的信用贷款政策。它的缺点是：银行风控严格，手续烦琐，审批流程时间长。

（2）天使投资

天使投资是一种参与性的风险投资，在项目选择上很大程度上取决于天使投资人的个人爱好，所以一些好的商业构思很可能获得融资。这类初创项目投资门槛较低，后期收益可能较高，符合了天使投资的要求。但是，天使投资也存在一些不足，首先，天使投资多是一次性的前期投资；其次，天使投资人会利用手中的控股权与创业者进行博弈。另外，在没有特殊关系存在的前提下，天使投资更热衷于将资金投向风险小或者前景好的项目。

（3）风险投资

风险投资简称风投。风投在选择投资的项目时考察细致，态度谨慎。对于仅有好的创意或者刚刚起步的公司来说，风投的兴趣一般不大。风投优势在于：即使创业失败也不会产生债务；风投资金数量充足，可以满足后续的发展需要；风投可以利用自身力量帮助项目成长；风投可以为创业企业提供更多的综合服务。风投的核心目的是获利，在投资获利后，风投倾向于退出创业企业，但是我国目前并没有为风投的退出提供合理且高效的平台，所以导致风险投资者对于渴望资金的创业项目关注得多，行动却非常谨慎。

（4）众筹

通过股权众筹，创业企业获得到资金支持，同时获得出资人背后的各类可用资源。

目前众筹平台主要可以分为三类：

第一，产品众筹。发起人用所筹资金完成产品并交付给出资人作为回报，出资人相当于顾客。目前以摩点、京东众筹和淘宝众筹几家平台为主。

第二，股权众筹。出资人获得项目公司的股份，相当于股东，可以在未来获得分红或通过出售股份获利。目前有聚募网、众筹客、人人创、开始吧等平台。

第三，公益众筹。出资人以捐赠性质的出资帮助发起人，不图回报。目前有轻松筹和水滴筹两家主要平台。

（5）平台贷款

在创业初期有时可以直接借助电商平台提供的融资渠道。常见的平台有京东和阿里小贷。京东为其平台的店铺提供了相应的供应链金融服务，其中包括了订单融资、入库单融资、应收账款融资等等。在对客户进行筛选时，平台依托电商数据有效地对融资申请者的信用水平、偿还意愿、还款能力进行分析，确定准确度极高的用户，进而选择可贷对象。针对创业者小额、分散、抵押担保不足的融资要求来说，这是非常有效的支持。

（6）融资租赁

融资租赁可以解决创业企业初期资金不足，进而无法购买所需要的设备进行生产的问题，是融资与融物形式的彼此相结合的筹资模式。它的主要优势有三点，首先，这种融资租赁模式对于租赁者，其本身的资金和担保要求不高。其次，通过融资租赁形式获得的设备或物资，后期将通过租金形式向外转移，降低了企业一次性付清的资金压力。再次，融资租赁属于资产负债表外融资，不会影响公司的整体资产状态，便于企业后期通过其他形式进行融资。这种融资模式在互联网+制造业类型企业中较常见。

2. 大学生创业融资准备

首先，需要了解不同的商业融资方式的差异性。例如想要通过商业银行的专项贷款进行融资，就必须理顺公司财务关系，并且针对银行手续烦琐的问题，打出提前量；想要获得天使融资，就要积极探索天使投资人的投资偏好，充分展示核心产品的优秀创意和市场价值；如果想要选择众筹模式，就要配合产品定位，选择适合的众筹类型和众筹平台，用优秀的创意、合理的众筹设计吸引投资者。

其次，善于利用第三方平台缓解信息不对称。初创企业在产品市场占有率、还款意愿与能力、发展前景等方面存在不确定性，导致金融机构不敢贸然向创业企业提供资金援助。此时初创企业可以向金融机构提供权威第三方机构的调研报告或者有说服力的财务报告，借由外部人员的视角帮助金融机构重新认识初创企业的状况，提高获得融资的可能性。

最后，要充分利用各种平台提高知名度。大学生创业者要积极参加各种级别的创业大赛，通过参与大赛既可以实现对于初创企业本身及其产品的宣传，还可以在大赛上获得专业人士的相关建议，如果大赛获奖更将取得创业资金支持。除了创业大赛之外，还可以参加各类创业沙龙以及创业座谈，交流宣传本企业之余既可能获得未来的合作伙伴，又有可能认识更多的天使投资人或者风投。

二、大学生创业政策分析

（一）大学生创新创业政策环境分析

1. 学校政策环境分析

（1）创新创业服务管理机构的建设

在学校创新创业政策环境中，为给学生提供优秀的服务，促进学生进行创新创业活动，建设了创新创业服务管理机构。在该机构中提供免费的创新创业咨询服务，为学生提供帮助。

创新创业管理机构，设置各个部门，有专职人员向大学生提供服务，主要服务内容有创业方向、创业目标的设立、创业行业的选择等，学生可以根据自身的需求，针对不同的问题向机构寻求帮助，得到适合自己的答案。学校结合创新创业的国家政策，对每一项工作内容进行落实。

该服务管理机构为公益性服务机构，学校安排专业人员针对创新创业问题提供服务，结合大学生的实际情况开展工作，为大学生提供了充满创新创业氛围的环境，使有兴趣的学生能够对创新创业政策有更多的了解，少走弯路，不再盲目地寻找方向，降低创新创业的失败率。

（2）师资团队力量增强

学校在师资团队的组建上也融入了创新创业的政策，创立了具有创新创业性质的师资团队。在传统的教学过程中，学校主要以进行教学科研为主要工作，缺乏对创新创业政策相关的认识，对此学校在推广创新创业政策时，在原有的师资团队中加入了创新创业的元素，以推动学生进行创新创业活动。

创新创业培训教师，在课堂上引入相关元素，使学生对创新创业有一个潜移默化的了解，能够明确创新创业政策的出发点与目标。教师还将创新创业的教育内容系统化，从多种角度进行教育。同时，学校还外聘某些社会上的专业人员，来到学校为学生们举办讲座；邀请知名的成功企业人士为有意愿创新创业的大学生传授创新创业的经验，帮助学生不断学习创新创业知识。

高校应设置优秀的师资团队，增强团队力量，为学生提供一个善于学习、善于创新的学习环境，在该政策环境下，学生对创新创业的了解更多，使学生能够选择适合自己的道路与方向。

（3）创新创业课程体系的完善

在创新创业政策环境下，创新创业的课程体系也达到了完善，将创新创业的专业化课程纳入了学校教师教学的课程体系中，根据创新创业的内容，对教学内容进行编排，设立了创新创业这门正式学科。学生在完成一定学习后，需要进行期末考试，考试关系到学生修的学分，设置的对应的课时，是学生的必修课程。

同时根据实际教学内容，进行对应的实训活动，在实训活动的建设中，通过学校与企业之间的合作，进行有效的资源利用，使学生将课堂上学习到的创新创业知识应用到实际操作当中，采用沙盘模拟的实训模式，使学生自己模拟公司的创立与运营工作，学生通过实际的创新创业活动，获得创新创业知识，同时，学校还设置了创新创业的平台化课程教学，从线上线下两方面入手，引导学生学习创新创业知识，线上教学主要使用爱课程、MOOC、智慧之交等平台。网络教育，填补了学校的课程体系中的创新创业漏洞，使整个教学课程体系更加完善，使学生能够对创新创业政策有全面系统的了解，为学生造就了良好的创新创业政策环境。

2. 大学生创新创业社会政策环境分析

（1）社会企业对大学生创新创业提供支持

在大学生创新创业的社会政策环境下，社会上的企业对大学生创新创业提供了大力支持，主要分为以下两个方面：企业给予大学生创新创业的空间和企业协助学校举办创新创业大赛。

企业给予学生创新创业的空间主要是根据相应的政策，通过提供相应的实习场地，为学生进行创新创业的空间建设，主要是为学生实训提供设备、设施、服务等，通过行业内部的前景展望，增强学生创新创业信心。

企业举办创新创业大赛，负责创新创业的项目作品等级的评定。学生通过参加比赛获得创新创业知识，提高创新创业的竞争能力，还能够获得社会上对自己创新创业项目的判定，同时，企业也能够从创新创业比赛中，选定优秀的人才进行培养。关注比赛的选手是企业在创新创业大赛中重要的环节之一，因此，在创新创业的社会政策环境下，企业与大学生之间形成了共赢的合作关系。

(2)校企合作闲置资源的利用

在创新创业社会政策环境下，企业与学校之间建立了合作关系，并对合作的渠道进行了有效建设。通过"订单式"培养人才的方式，进行大学生创新创业的方向类型培养，通过系统化的教学，使学生成为创新创业类型的专业人才。

企业与学校合作的渠道主要是通过讲座会与校外活动，企业将社会上的企业文化带进校园，与学生分享创新创业的经验，学生走出校园，进入到社会上，在企业提供的实习空间内进行创新创业的实际训练，同时，企业也招收具有创新创业的优秀人才。由于创新创业政策的推广，使校企合作之前闲置的资源有了利用的途径。通过校企共同培养大学生的创新创业精神与技能，能够加强学校与企业之间的合作深度，为大学生提供了较多的创新创业发展空间使学生在进入社会工作前，就具有一定的实践能力。

(二)大学生创业政策梳理

随着社会进步及市场开放，更多的大学生走上了自主创业的道路。大学生创业对国家经济转型、提高大学生就业率、促进大学生自身价值实现等都起到重要作用。下面对我国各地方政府近年来颁布的大学生创业扶持政策进行梳理。

1. 创业环境构建类政策

大学生创业初期的首要困难就是没有足够的人力、物力和财力，而且相关的知识和经验也相对匮乏，如果此时盲目创业则容易失败。因此，政府需要为大学生打造良好的创业环境，为其自主创业减少阻碍。

(1)创业基地的建设

为了减少大学生在自主创业过程中因场地等客观因素而受到的限制，各地政府纷纷加强了相关资金投入，建设了创业孵化基地、创业园等场所，支持大学生自主创业，并为入园创业的大学生提供各种优惠政策。

(2)创业氛围的营造

良好的创业氛围能够有效激励大学生创业，各地方政府都在努力通过各种渠道和方式为大学生创业营造良好环境。一方面，政府部门会联合各大高校培养大学生树立创业理念，为大学生介绍政府对大学生自主创业的相关扶持政策，激发大学生的创业热情；另一方面，各地政府也会通过新闻、网络、广告等渠道加大舆论宣传力度，宣传创业扶持政策、创业典型等鼓励大学生自主创业。

2. 创业融资方面政策

创业融资方面政策指的是政府为帮助大学生在创业时能够方便快捷地筹集创

业资金而制定的相关扶持政策，旨在帮助大学生缓解创业资金方面的压力。例如，一些地方政府会为大学生创业提供担保贷款、创业基金、贷款补贴等。当前，各地方政府的创业融资扶持政策主要有以下三种。

（1）无偿资助政策

政府通过建立大学生创业专项资金，为大学生创业提供支持，不过无偿资助金额一般都不大。

（2）小额担保贷款政策

小额担保贷款政策是政府对创业大学生在小额贷款方面提供的优惠和补贴政策。此项优惠政策通过为大学生创业免除担保贷款手续、简化代理流程、提高放款效率、放宽全额贴息时间等方式，缓解创业大学生的资金压力。

3. 创业服务扶持政策

创业服务扶持政策指的是大学生在创业经营过程中，会涉及很多商业活动，例如企业注册、资格准入、税费缴纳等，这些事务会消耗创业大学生很大一部分精力。针对这一情况，各地政府推出了很多相关的商务扶持政策，帮助大学生减少这方面困扰，使其能够更专注于创业。

（1）市场准入政策

政府通过降低大学生创业注册资金、放宽经营场所审核标准等方式，为创业大学生铺平道路。

（2）税费减免政策

企业在经营过程中需缴纳各种税费，这对创业初期的大学生来说是个不小的经济负担，各地政府也陆续出台了相关政策，以减轻税费给创业大学生带来的资金压力。

第四节　高校大学生创业现状问题与优化路径

一、大学生创新创业面临的问题

（一）国家政策的解读与落实不够全面

创新是国家发展的根本，我国近些年来的发展得益于自主创新能力的提高，正因为如此，才会大力支持大学生创新创业。然而，在创新创业方面，我国仍然处于发展中的状态，因此国家发布各项政策来扶持大学生自主创业。但部分政策由于对于实际创业过程中的具体问题认识不到位，实施起来不可避免地会遇到各种各样的问题，比如各地创业资源的不均匀分布，创业与就业的排斥性等。同时，落实政策时，部分高校不能及时有效地实施，导致在校学生与外界政策脱节。

（二）创新创业教育师资缺乏，指导方式固化

首先，大学生想要拥有可以自主创业的知识与能力，需要高素质、高技能的教师团队。然而目前各高校的创新创业课程都处于探索状态，相关课程的教师极其缺乏，即便勉强开课，教师能力的参差不齐，使得课堂效果大打折扣，学生也失去了兴趣。因此，创业教育的第一大阻碍便是师资力量的不足。其次，学生想要对创新创业提起兴趣，需要的不是照本宣科地读课本，单方面地输入概念只会让课堂更加沉闷。然而目前的课堂形式几乎已经固化，教师灌输理论知识，学生记笔记，实操比例几乎为零。即使有相关的实务训练，也基本浮于表面，并未深入。

（三）僵化的思想与社会的舆论

虽然创新创业已经被国家大力支持，但是一些高校的从业者并不能完全理解创新创业的核心内容，单纯以为创新创业教育只是针对部分人的，其他的大多数还是要以传统的专业教育为主。殊不知专业教育与创新创业教育是相辅相成的，专业教育使得创业更加规范，创新创业教育使得专业有更大的发展空间。与此同时，另一个僵化的思想就是将创新与创业分离开来。许多教育工作者盲目鼓励学生创业，对创新只字不提，导致了创业者大多都是跟风模仿，真正有独到见解的创业者少之又少。

（四）大学生创新意识与创业素养整体不足

第一，由于我国的传统保守观念的影响，大学生的创新意识并不高，这一点，在中学教育阶段也可窥得一二。课堂教育按部就班，课堂基本以教师为主，学生面对问题首先想到的不是自行思考，而是求助于各种工具。另外，创业并不是一蹴而就的，需要经历一个艰苦奋斗的过程，但是当代大学生普遍急于求成，而且，创新意识也受到现实条件的制约。纵观现代创业成功者，多数学生家境殷实，且父辈为其积攒下许多资源，反观一些有思想且高素质的学生，因为现实因素而不得不放弃各种创新想法，只得中规中矩寻找工作。

第二，由于高校内的创新创业教育并未达到理想效果，大学生普遍缺乏实践知识，市场意识也不敏锐，而且大部分时间都不出校门，无法获得创业中最重要

的交际能力与社会经验。这也导致了大学生即便创业，也大都选择传统行业，不敢涉足新兴行业。更有甚者直接模仿互联网上瞬间火起来的网红产业，但是由于信息的滞后性，大多数产业创业时市场已经饱和，创业失败打击了自信心，使得敢于创业的人变少，由此变成了一个恶性循环。

二、大学生创业问题优化路径

（一）政府与社会层面

1. 政策制定需突出针对性和系统性

政府需就扶持政策与实际情况相脱离的问题进行分析，从而提升政策的针对性和系统性。

虽然我国地方政府陆续推出了各类大学生创业扶持政策，但是量的积累并没有实现质的飞跃。因此，在政策制定前，首先，相关人员必须深入大学生创业群体进行调研，掌握大学生在创业过程中会遇到的问题与难点，了解大学生的真实需求，征询大学生意见，让政策更具实效性；其次，政策的执行部门间要加强沟通，共同构建一个科学、高效的政策执行系统，明确各部门职责、精简办事步骤、提升服务质量，以提高政策的执行效率；最后，还要制定问责机制，对有失职行为的人员进行行政或法律责任追究，并加强对大学生投诉问题的关注，及时对相关问题进行整改和反馈。

加强政策支持、公众参与和舆论引导的多重合力。要有效地推动大学生创业，应有以下四方面的支持政策。

（1）关注大学生创业，营造浓厚大学生创业氛围

首先国家和社会舆论要在培育和激励创业上进行大力宣传；其次要针对大学生群体的创业制定特殊的扶持政策，关注相关配套政策的落实情况。要在全社会营造创业的氛围。

（2）税收优惠

有专家以税收的政策为出发点分析其对大学生创业的积极影响，发现税收优惠政策的实施能极大地提升和促进大学生创业的积极性和热情。因此，各级政府应有针对性地制定促进大学生创业的税收优惠政策，简化相应的办理程序和流程，减少大学生的创业成本，激发和鼓舞大学生创业的激情。

（3）资金支持

大学生创业基本上都是白手起家，初始阶段比较困难，这也是大学生创业者

极易失去信心的阶段。各相关部门应及时给予大学生创业必要的资金扶持，减少审批时间和流程，引导创业者和金融融资平台的对接，切实有效解决大学生创业者创业初期资金短缺的问题。

（4）加强创业培训

就是要加大培训的支持力度，建立健全大学生创业教育各项政策法规和相应的保障体系。各级政府应成立完善大学生创业教育的专门机构，制定出台对大学生创业的资金投入、师资的培训和选拔、课程体系标准等规章制度。

2. 加强政策宣传

政府还要对创业培训与政策相脱离的问题进行分析，从而加强大学生对相关政策的理性认知和情感认同。

创业培训可以为大学生创业提供基础保证，激发大学生创业的潜在动力。现阶段各地方政府在开展培训活动时，多以创业实践为主，但是对政策的宣传却不到位，相关部门需要在培训过程中加强政策宣传力度。另外，由于大学生创业扶持政策推出的时间较短，且宣传工作不到位，大学生难以真正对创业拥有理性认知和情感认同。

因此，政府应该联合企业、学校开展多方合作，建立专项培训平台，将扶持政策融入培训课程体系，从而加大相关政策的推广力度，在提高广大创业大学生实践能力的同时，也使大学生对政府提供的各种扶持政策有充分了解。另外，政府还可通过官方网站等传播途径，对创业培训和政策进行融合并及时对外公布，并在提供相关政策咨询服务的同时，认真听取大学生提出的相关建议，形成一个良好的创业交流循环，提高创业大学生对扶持政策的满意度和重视度。

（二）学校层面

首先对于学校的管理者来说，对创业教育要有一个正确认识，要清醒地意识到目前进行的创业教育不仅是为了解决当前就业问题，更是现阶段人才培养的重要内容。管理者要转变传统的教育模式，将原来以培养专业性、基础性人才培养模式转变为适应社会发展的综合型全面发展的高素质创新人才，主要加强以下四个方面的建设。

1. 强化学校创业教育师资队伍的建设

这就是要做好"双师型"教师队伍的培养，也就是学校做好"引进来"和"走出去"这两个方面的工作。"引进来"一方面是指学校要将具有丰富实践经验的企业家和管理人员引进学校作为师资的一部分与高校专职教师一起研究探讨、从事创业教育的各项管理和教学工作。另外,学校可以聘请成功企业家或者优秀成功创业的校友,定期为学生开展相关的专题讲座,与学生分享交流创业经验。高校还要制定培养创业教师的相关政策,创造条件并鼓励教师"走出去"。可以选派一部分教师深入到企业当中,走到生产和实际操作环节中去挂职学习锻炼,鼓励教师取得相关的职业资格证或技术等级证,也可以支持让负责进行创业教育课程的教师走出学校去参加相关的创业学术会议和培训班,提高教师的理论和实践能力水平后,才能有效地保障培养提高学生的创业能力。

2. 系统地建立创业教育课程体系结构

一是要将创业教育课程,面向全体在校大学生来进行,应将其纳入高等教育课程体系的当中,而不应该与之脱节。二是创业课程应该形成一个体系,坚持"能力、知识、素质三位一体的全方面教育和培养"基本原则,以通识课为基础,包括基本创业理论、人际关系与沟通、企业战略管理、财务管理、市场调研预测、投资等课程组成的课程体系。丰富和完善课程内容,再加上相关的实习实训课程,把专业和创业知识进行融合,把理论与实践有机结合统一,促进学生综合素质的提高。

3. 改进课程授课方式

学生自主学习与老师讲授互相结合、个人学习与团队配合相结合、理论与实践相结合。针对不同学习内容采用不同的教学模式,如商务沟通课程、市场营销课程采用小组讨论方式进行学习;战略管理采用案例式教学模式,还可以用 ERP 沙盘模拟进行实际操作训练等。也可在课程中引入相关的竞赛形式,或者有些环节可以通过校企合作,让学生在实际的环境中来了解当前的具体情况,激发出学生的创新创业能力。

4. 改革课程考核机制

改变以往试卷考核形式,强化考核过程,建立以创新特点为核心的考核体系。

5. 学校支持和营造学生创业的环境

学校成立专门负责创业的组织机构,来统一协调学校创业教育板块;成立社团将有创业兴趣的同学聚在一起,加强有创业意向学生间的沟通和交流,激发学生的创业激情;成立创业孵化园,将学生创业成果进行转化。

(三)大学生层面

对于当代大学生群体来说,首先要正确认识和对待创业教育,要意识到创业是就业的一种方式,大学生就业与创业是相互促进的。其次,增强自身的创业意识与激情,在这个信息快速发展的时代,只有创新的东西才能走在时代变化的前列,才能不被时代所抛弃,所以大学生应该勇于创新,积极创业。最后,要想创业,光有想法和行动是不够的,还必须要有过硬的综合素质,大学生除了应该认真掌握创业相关的专业知识外,还应该在学校期间通过参加各种创业技能大赛、实战演练提高实践经验,并通过各种社团组织活动丰富自己的阅历和人际交往,培养个人开拓创新、组织管理等相关能力。具体可从以下几方面着手。

1. 自身素质与能力的完善

一方面,要提高自身的能力,并不是只专注于创业即可,学校内的专业课程也是能力的一部分,只有打牢知识基础,才会有创业的资本。同时,要学习创业所必需的管理、财务、经营等方面的知识,以此来预见未来市场上可能出现的问题,还要锻炼自身的社交能力,为以后的商务谈判做准备。另一方面,当下的中国就业形势严峻,因此,大学生创业应该担负起相应的社会责任,为国家解决就业问题出一份力。创新创业所必需的还有"互联网+"的创新思维,因此要保持学习,持续培养并锻炼自身的创新思维。

2. 心态与意志力的调整

创业是一个艰苦且漫长的过程,需要创业者有一个清醒的认知,坚决不可急于求成,要有充分的心理准备。在这一过程里,创业者需要稳中求胜,锻炼自己的忍耐力。致力于创业的学生在大学里就要意识到这一点,并坚持锻炼相应的品质——积极参加相关活动,自己制订锻炼计划等,从而让自身的品质与毅力得到不断的提升。同时,作为创业者,应该保持一个理性的态度,切不可在遇到问题时感情用事,乱了方寸。在创业过程中,困难是必不可少的,面对困难,要以平和的心态去对待,逆境中的泰然处之才是创业过程中最珍贵的品质,有了强大的心理素质,创业才更有可能成功。

3. 改变传统思想,倡导创新思维

高等学院里有着大量的高素质新思想人群,不应该被传统思想所束缚,各高校要鼓励创新思想的出现,更应该鼓励学生利用创新思维来自主创业。借助新媒体的强大引导能力进行全面的国家政策宣传,举办宣传咨询活动来解答学生疑问,最大程度上扩大相关政策的传播范围。开设专门板块宣传创新创业,激发学生创业欲望。教师要做到因材施教,发现每个学生自身的闪光点,激发其个人能力,不盲目鼓励创业,而是帮助每一个想要创业的学生发挥自身所有的能量。

4. 抛弃思维定式,勇敢质疑与批判

教师在课堂上应该有意培养学生的批判精神,鼓励学生冲破传统束缚,以批判的眼光进行分析，寻找现代背景下相应的解决方法，对提出独到见解的学生给予激励，让更多的学生敢于创新。同时，课堂实践中，给学生足够的思考时间，禁止使用网络工具，鼓励学生独立思考，不断地锻炼学生的创新思维。引导学生发现错误并指出错误，对勇于质疑的学生给予嘉奖。鼓励学生多思考、多探索、多学习，营造一个求真务实的学习氛围，崇尚真知、追求真理，让学生真正做到创新。

第三章　高校大学生创新创业要素分析

本章为高校大学生创新创业要素分析，主要从四个方面对创新创业要素进行了分析，分别是高校大学生创新创业要素之创业者，高校大学生创新创业要素之创业团队，高校大学生创新创业要素之创业资源，高校大学生创新创业要素之创业计划。

第一节　高校大学生创新创业要素之创业者

一、创业者特点

（一）强烈的创业意愿

强烈的创业意愿和决心是创业者身上首要的特征。有了创业的意愿，并下定决心去创业才有可能成功。虽然每个人创业背后的动机不尽相同，但是强烈的创业意愿能够促成创业行为，直接影响创业结果。思考和推理是创业所应具备的能力，大学生在平时就要注意这方面能力的培养，一旦出现机会就可以有所行动。

（二）勇于承担风险

创业是一场机会和风险并存的冒险活动。创业者要具备风险评估的能力，对可能遇到的困难有一定的预估，有强大的心理承受能力，才能提高创业的成功率。

（三）有执行力、行动力

创业就是要行动。很多大学生的创业计划变为现实，靠的是百折不挠的韧劲、强执行力和行动力。

（四）富有创新精神

无论身处何种行业，光有踏实努力和积极肯干的精神是不够的。即便是传统行业也需要创业者根据市场的变化和人们的需求情况进行及时调整，不断创新。一个没有创新意识和创新观念、不懂得带领团队创新的人是很难取得成功的。

（五）志向坚定

创业需要有一个坚定的目标作为指导，而作为一名创业者，则需要拥有坚定的志向。例如，狗不理包子、全聚德烤鸭等知名品牌的创始人就具有一种专注的工匠精神，愿意把事情做到极致，这就是创业者具有坚定志向的表现。

（六）永不言败

创业的过程就像跑一场马拉松，整个过程充满了不确定性，只有排除万难才能摘取成功的果实。创业者应永不言败，这是创业者应具备的非常重要的特征。创业者要相信，失败并不可怕，可怕的是丧失斗志，不敢从头再来。只要创业者拥有不屈不挠、持之以恒、永不放弃的决心，就会离成功更进一步。

（七）充满自信

对大多数创业者来说，创业并不是一帆风顺的，充满了艰辛和坎坷。但不管怎样，创业者必须坚信自己的产品、服务正是消费者所需要的，即使面对风险，只要进行过充分的市场调研就应有足够的信心将创业进行到底。

（八）充满激情

创业者充满激情表现在以下两个方面。

（1）自我激励。在充满艰难险阻的创业路上，要想不断前进，创业者就必须学会自我激励。如果创业者不愿自我激励，就会缺乏创业激情，便很难取得成功。

（2）保持激情。很多创业者往往只有"三分钟"激情，但短暂的激情是远远不够的，创业者需要保持长久的激情。

（九）风险意识

创业不是靠运气，而是靠创业者的胆识和谋略。创业像一种理性的风险投资，集融资与投资于一体，因此，创业者必须有一定的风险意识。这就要求创业者的判断一定要准确、合理，要充分考虑自身实力及承受风险的能力，还要时刻关注环境的变化，以便把创业风险控制在最小范围内。

（十）善于学习

创业者应该拥有一颗善于学习的心，仅掌握书本上的知识是远远不够的。创业者要明白：最好的课堂是社会，最好的老师是生活。因此，在生活中，创业者应该不断地学习，保持思维的灵活性，这样才能更好地统筹大局、协调发展。

二、创业者素质

（一）创业者素质结构

1. 知识素质

创业的本质，在于将创意转化为企业（Fred Wilson）。创业者只有对创业的领域进行深入的调研，才可能识别市场没有满足的机会，而为了解市场，需要掌握相关行业的专业知识。

2. 心理素质

创业者要直面创办企业、企业生存与发展所面临的种种困难。要善于调节情绪，充满自信地迎接挑战。创业者依靠坚忍不拔的精神，向潜在的客户表明对新产品或服务的投入程度，而赢得合作和市场。

3. 能力素质

创业者的工作、组织、决策和应变能力是隐藏在创业者素质这座"冰山"水面以下的因素，它们难以捕捉，不易衡量，但却决定着创业者能否成功创业或能否让企业发展壮大。

4. 创造性素质

高科技创业通过创新显著拉动经济增长，电子商务创业属于高科技创业活动。因此，观察电子商务领域的创业者素质，需要关注创业者创造性素质。

（二）提升创业者素质的主要策略

1. 家庭层面

人格发展是一个不断完善的过程，基因遗传决定了人格的天性层面，人际交往和经历不断完善人格，其中家庭的影响最显著。即创业特质作为人格的重要组成部分，家庭教育，尤其是早期的家庭教育的影响至关重要。父母在子女的儿童时代就要付出更多的时间陪伴他们，帮助他们塑造积极健康的人格和良好的创业特质，包括远大的理想和成就动机、敏锐性，注重目标导向和做事效率，并形成乐观自信、吃苦忍耐等品质，为将来的可能创业打下良好的基础。针对女性创业素质较低的问题，家长要破除"重男轻女""女孩干不了大事"等落后思想，给女孩同样的关爱与鼓励，需科学育儿，促进她们健康快乐成长，并提供尽可能好的实践锻炼和体验条件，培养良好的创业特质，充分发掘女孩的创业潜能。

2. 高校层面

（1）推动专业教育改革

不论是高职教育，还是本科或研究生教育，都要及时调整课程设计，删除过时的内容，增加与时俱进、反映新时代变化的专业知识，尤其要考虑互联网经济对人才的需求变化，开展更有针对性的专业教育，通过增强专业教育的实用性，提高潜在创业者的综合素质和动手操作能力。

（2）完善创业教育体系

要加大资金投入和师资培训，普及"创业基础"必修课，确保让每个大学生都有条件接受基本的创业知识和技能教育，并针对一些有兴趣且有创业潜力的学生开展创业实训、企业管理等更高层次的课程，以提升他们创业和经营管理技能。另外，还要开展创新、创意、创业大赛，为大学生提供更多的模拟创业的体验机会，并提供更好的校园创业等实战条件，让大学生锻炼自己的创业能力。同时，在职业生涯规划指导和创业教育机会方面，要给女性同等的地位与待遇，避免有潜力的潜在女性创业者小苗被埋没。

3. 政府层面

创业实践经历是开发创业素质的最有效手段，而中关村国家自主创新示范区的很多先进做法，值得我国其他地方政府学习与借鉴。政府要通过加大资金投入、创业园的科学规划与基础设施建设、优惠的融资和税收政策、培养专业化的孵化器和众创空间，降低青年创业的成本和风险，吸引更多的青年开展创业活动，让他们通过"创中学"提升创业素质。同时，搭建与高校和科研机构、其他创业者交流的平台，引导他们在经验交流与火花碰撞中获得隐性的创业知识和技能。另外，政府还要从制度设计层面，引导和优化家庭教育和高校教育。一方面，实施生育补贴政策，并大力倡导育儿服务的社会化和专业化发展，完善社会保障制度，降低女性创业的社会成本，以破除家庭教育中"重男轻女"思想的社会基础，并提升年轻父母的育儿技巧，促进广大青少年的健康成长和创业素质开发；另一方面，将就业能力、创新能力、创业能力和创业率纳入教育的考核评价指标体系，促进高校实施创业能力导向的教育改革，以提升大学生的专业技能和创业素质。

4. 个人层面

（1）不断优化创业者自身的知识结构

在掌握专业知识的基础上，通过自我学习、参加培训等，借助校园的有利资源及网络资源，广泛学习各类创业知识，如管理、经济、营销、法律等，优化知识结构，打破专业壁垒。

（2）积极参加创业实践活动

通过自主参加校内创业大赛，校外社会实践、兼职等，充分了解各行各业现状，加深认识，寻找商机，拓宽信息渠道，锻炼沟通协调能力、组织管理能力、团队协作能力等，使自己及早接触社会，为创业打下基础。

（3）培养创业意志品质

可通过兼职及实践的过程，加强与企业人物、行业精英、成功企业人士等进行沟通交流，了解他们的创业历史，听取他们对市场的认识，从而增强创业信心。

（4）提升心理素质及应变能力

在实际工作中，创业者应养成良好的心态，正确面对困难及挫折，学会心理调适，多与创业人士进行沟通，及时进行情绪疏解，慢慢养成过硬的心理素质及应变能力。

三、创业者能力

（一）创业者必备的能力

1. 决策能力

决策能力是创业者根据内外环境，因地制宜，正确地确定创业方向、目标、战略以及具体选择实施方案的能力。包括经营决策能力、经营管理能力、业务决策能力、人事决策能力、战术与战略决策能力等。决策是一个人综合能力的表现，一个创业者首先要成为一个优良的决策者。才能够胜任企业中大大小小的工作。

2. 管理能力

广义的经营管理能力是指企业内部和外部的所有活动。狭义的经营管理能力是指对企业内部人员、资金的管理控制能力。它涉及人员的选择、使用、组合和优化；也涉及资金聚集、核算、分配、使用、流动。经营管理能力是一种较高层次的综合能力。它从以下几个方面直接影响创业实际活动。一是它涉及创业活动的每一个环节；二是它涉及创业活动中人的选择、使用、组合和优化；三是它涉及创业活动中资金的分配、使用、流动、培植等环节和过程。

3. 创新能力

创新能力的培养对于一个国家和民族振兴具有战略意义。创新能力已被联合国教科文组织称为"21世纪的一本护照"。创新能力需要四种能力支撑：第一，观察能力，是创新活动成败的决定因素，创新能力强的人很容易察觉到别人所不能察觉到的事务较深层次的情况，能很好地找到解决问题的办法；第二，想象能力，是创新的先导；第三，分析能力，就创新活动的整个过程来看，包括察觉需要，找出关键问题，提出最佳方案及最后实现日期；第四，完成能力，在整个创新活动中具有决定性的地位。

4. 跨界能力

如今，技术变革日新月异，越来越多的商业机会来自于不同领域、专业背景之间的交叉与融合，尤其新创企业往往资源较为匮乏，需要借助外部资源来支撑创业活动的不断发展。通过"跨界（boundary spanning）"搜索和获取外部资源，已成为创业者优化组织内部知识结构的重要途径。跨界行为是组织、团队或个体与外部主体建立联系，试图通过与外界的交互来满足自身发展的需求。为了保证获得外部利益相关者的支持和承诺，实现与外部主体持续有效地资源交换，跨界者还需要对外部合作关系进行协调和把控。例如，与外部合作者分享关键的信息资讯，共同商议重要战略或行动方案，对任务计划的实施进展和出现的问题进行及时讨论。相比于组织或团队内部活动而言，跨界行为更强调与外部的互动和沟通。由此可见，创业者的跨界能力（boundary-spanning capability）在其构建并动态管理外部合作关系的过程中起着至关重要的作用。

（二）大学生创业能力对创业成败的影响

大学生创业，是大学生对未来职业生涯的一种自主选择行为，其内含有创业者应该具有的自主性、自决性等个性特征，以及创业者应该具有的主动性、创造性等职业品格。在所有的创业成功案例中，几乎都可以窥探到创业者的个性特征对创业的影响，以及创业者卓越的创业能力对创业成功所具有的功能作用。个体差异决定了并不是所有大学生都适合从事创业活动。因为市场具有高度的不确定性，面向市场的创业活动必然具有高度的不确定性和失败的风险。所以，只有那些能够承受市场挫折和创业失败的人，才是市场选择的对象。反过来讲，创业成功属于那些能够应对市场的不确定性并能够驾驭风险的创业者。任何创业者都摆脱不了市场对创业者创业能力的多向考量。一般而言，成功对创业者创业能力的要求，因行业不同而不同。从共性上看，大学生矢志创业，不但需要具备敢于担当、不畏困难、将事业进行到底的奋斗精神，而且需要具备把握市场机会、防范各种风险、破解各种创业难题的本领。因为市场经济既是诚信经济和法治经济，又是竞争经济,大学生进入创业职场,必然要直面素质的比拼和能力的较量。所以,创业的大考,其实是对创业者本领素质整体的评判。虽然不同的失败有不同的原因,但是在大学生创业失败的原因中创业能力不足是一个不可否认的主要原因。所有的成功创业者都有一个共同的特征,那就是更为优秀的创业胆识、本领和创业能力的支撑。

大学生从高校毕业到创业职场,不仅仅是一种角色和身份的转换,更重要的是要接受创业实践对创业者创业能力的检验。创业实践性表明,大学生创业成败离不开创业能力的支撑。就创业成功而言,它不在意创业者个人偏好,只关注创业者的精神状态和创业能力与创业要求是否匹配。具体到创业能力建设上来,就是大学生创业本领要与创业要求相匹配,两者匹配程度越高,创业成功率就越高。所谓精神状态,是指创业者创业所坚持的理想信念,以及不怕失败和坚韧不拔的创业精神。这是创业者面对挫折将创业进行到底不可或缺的动力之源,其主要来自创业者的人格特质和创业者的信念。所谓创业能力,是指创业者所具有的创业本领。例如,发现创业机会、创业项目运作、规避市场风险等支撑创业所需的各种创业能力。创业需要整合人力、社会和财务资本,与此相适应大学生创业者需要具有整合资本的能力;创业者需要有危机意识、能够规避各种风险,与此相适应大学生创业需要具有风险识别和管控能力;创业需要建立创业团队,与此相适应大学生创业需要具有组织领导和团队管理能力;创业还需要应变市场动态变化,与此相适应大学生创业需要具有战略调整和谋划未来的能力。如果创业者不具有创业的本领即使创业热情再高也难以将创业进行到底。目前,大学生创业失败率远高于创业成功率,说明大学生创业能力与创业要求严重不匹配。

第二节 高校大学生创新创业要素之创业团队

一、创业团队的概念

与个人创业相比,在创业活动中创业团队有着较多的优势,越来越多的国内外学者关注了团队创业,并对此做了大量的研究。随着知识经济的发展,科学技术的进步,创业团队在现实经济生活中已然成了一个"无处不在的现象",特别是在高新技术行业,创业团队创立了一大批的公司,成了突出的经济事实。事实上，由创业团队组建的新企业绩效要优于由创业者个人建立的企业。

创业团队的定义是基于团队概念基础之上的，但对于具体定义许多学者从不同角度对其进行了研究。从所有权的角度，学者们将创业团队定义为两个或两个以上的个体，他们共同建立公司且同时拥有所有权。从人员构成的角度，学者们把创业团队定义为参与且全身心投入公司创立过程，共同克服创业困难和分享创业乐趣的全体成员。创业团队是指这样一群创业者，他们拥有共同的目标，这个目标需要共同协调与合作才能达到，更加强调了创业团队的协同团结作用。

二、优化大学生创业团队组建的路径

（一）树立正确的创业观念

针对目前的就业形势，高校教师应正确引导学生，让学生充分认识到树立正确的创业观，以及以创业带动就业的重要性。既要客观公正地分析目前的就业形势，更要充分利用国家对学生创业的利好政策，帮助学生树立健康积极的创业观。首先，需要加大创业宣讲的力度，充分利用在校大学生群体性的特点，发挥高校在大学生创业观念的改变，以及创业团队建设中的作用。充分发挥榜样的作用，利用创业成功人士的实践经验，来有效带动学生创业观念的改变，为此最直接有效的方式便是邀请成功人士进行创业讲座。另外，在有关的大学生创业创新大赛活动中，如果能够邀请到有经验的创业者或者教师参与进来，对学生的创业计划进行针对性的指导，则能够吸引更多的学生来进行创业创新活动。对于就业和创业观念的改变不仅仅针对在校学生，对于家庭和社会同样需要理解创业的实质内涵，树立正确的创业观念。在校学生进行创业是需要勇气的，需要得到学校、家庭和社会的帮助与支持，不仅仅包括经济方面的支持，更需要在精神方面给予创业者大力支持。

（二）建立完善的团队管理制度

团队的管理是一门学问，更是一门艺术，为了对团队中每个成员进行监督以确保团队活动能够顺利运行，必须制定合理完善的团队管理制度。对团队成员进行定期培训，搞好团建工作，增强每个成员的团队意识，重视团队文化的建设，培养团队精神；制定科学合理的赏罚机制，按照公平公正、多劳多得的原则，保持团队成员的工作热情和积极性，消除消极懈怠情绪；制定定期的成员考核制度，以此督促团队成员尽心尽责地工作，对于通不过团队考核的成员需制定相应合理的惩罚制度；对于团队的利益划分问题，因为团队中每个成员无疑更加关注自身的利益分配，因此在团队的运行中，要特别注意创业团队的发展和经济效益问题，使成员的利益分配与团队的整体发展相互和谐，确保创业团队能够健康、可持续地发展下去。除了团队成员之间的同心协力，一个优秀的创业团队，更需要具备强有力的领导力和执行力，团队的领导力对于团队的精神面貌和发展方向至关重要，只有具备较强的领导力才能够吸引人才，壮大团队的力量；创业本身是一个比较艰辛的过程，尤其对于学生创业团队来说，创业过程中不可能永葆活力，难免情绪低落遇到创业瓶颈，此时需要创业者不忘初心，具备较强的执行力，带领团队明确方向继续向前，才有可能实现团队质的飞跃，因此在创业团队中，团队成员需分工明确，团队创业者需具备优秀的领导力和执行力，并在创业的过程中，不断地磨炼和打造团队的执行力，使团队具备可持续发展的潜力，才能够将团队的创业梦想变成现实。

（三）构建全面的创业教育课程体系

较为全面的创业教育课程体系的构建，不仅有助于大学生创业观念的改变，且有助于学生创业素质的提升。目前创业教育课程在大部分高校均已设立，通过创业教育课程来培养学生的创业素质，同时充分结合自己的专业知识和当地的实际情况，对学生进行引导教育和创业培训。除了创业教育课程的设置，更应该构建多角度多层次立体化的创业培养，首先是引导学生对自身创业初衷以及创业团队的思考，设置相关的课程针对创业团队的合理组建、团队的建设管理以及团队的能力培养与提升等问题进行合理地引导。其次引导学生打破专业的限制，发挥自身的长处和优势，进行跨学科、跨专业的创业团队的构建，将创业教育与专业知识进行深度融合，使团队成员之间在专业知识方面可以进行优劣互补，克服团队结构不合理的问题，增强创业团队的抗压能力。另外在对学生进行全面的创业教育的同时，学校应为学生创业者提供更多实践的平台，让创业教育的理论知识落到实处，与创业实践实现合理衔接。例如可以帮助学生真正地接触到创业团队，真正地走进社会和企业进行学习，近距离地考察优秀企业团队的运作模式，学习和借鉴企业团队先进的理念，以有助于创业者自身的成长和团队的建设。让学校的创业实践基地真正地发挥作用，使学生在后续的创业过程中能够更加从容，为创业团队的持续发展打下基础。

第三节　高校大学生创新创业要素之创业资源

一、创业资源概念界定

创业可以理解为开创一个新的企业。从无到有、白手起家。创业不仅要有资金还要有资源，相比较而言，资源对于大学生创业更重要。

通常所指的资源包括资金资源、人才资源、信息技术资源、政策资源和管理资源等，从这一点看，创业资源本身包含了资金因素。如果资金不足的话可以去当地申请政府创业补贴资金，每个城市都有，只是扶持的力度不一样。

从相对狭义的角度来说，有了资源，就可以设立项目进行融资，融资到位资金问题就迎刃而解。拥有丰富的资源，确定好一个项目，明确好商业模式，编制好创业计划书后可以向众多的银行金融机构贷款。

二、创业资源类型

（一）个人的智慧资源

良好的个人素质是大学生创业成功的基础。学生创业要有一双善于发现的眼睛，同样的资源，在每个人的眼中都拥有不同的价值。有的人能发现利用资源，发挥其价值，有的人可能因为熟视无睹就错失了一个利用资源的机会，两者之间的差距仅是思维与观察角度的不同，就导致了结果的不同。创业首先要有智慧的头脑，这样才能牢牢把握住创业的机会，这种个人智慧产生的价值其实就是属于个人的智慧资源。无论是创业方向的定夺、战略的确立和战术的制定，还是市场各种要素及关系的协调、处理与利用都需要创业者用自己的智慧去辨识、洞察。智慧资源是创业过程中创业者的专属资源，也是创业是否成功的关键。在创业过程中除了创业者本身的智慧资源之外还需要他人的智慧资源，创业不是一个单打独斗的过程，也需要汲取他人的智慧资源，为自己的创业过程提供智慧力量。

（二）国家和社会资源

1. 大学生创业服务指导

对于有意愿创业的大学生，当地会有免费咨询服务机构，大学生可以免费获得由机构提供的创业信息和创业指导服务，具体了解国家对于大学生创业的各种政策信息、就业信息、融资信息等，明确对创业的认识。

2. 大学生创业相关税费减免

如果大学生是毕业两年以内学习从事创业项目，在开始之日三年之内，可以享受每户每年 12000 元为限额，依次扣减其当年实际应缴纳的增值税、城市维护建设税、教育费附加、地方教育附加和个人所得税。

3. 大学生创业中免轻处罚

一些社会管理单位在大学生在投资过程当中出现了轻微情节或者是没有对社会和他人造成危害的一般违法行为，只是进行警告的处分，帮助大学生纠正错误，而不会进行任何方面的处罚。

4. 大学生创业享受培训补贴

对于大学生创业出来的小微企业，只要能够和所聘员工签订一年以上的劳动合同并且缴纳社会保险，将给予各方面的保险补贴。对于大学生还有各方面的免费创业培训。

根据相关创业数据来看，有了国家的政策支持，大学生创业相对来说成功率还是比较高的。当今社会竞争激烈，很多的大学生无法找到自己比较满意的工作，所以用创业来实现就业也是不错的方式。

三、创业资源的重要性

大学生作为初创者最大的缺点就是抗风险能力极差，即使有好主意也很难把它完善，最终大部分不成熟创业都会被各类风险给刷掉，这种情况下，资源就起到非常重要的作用，资源就是收益的最低保障。所以无论大学生能力如何，要有生产就得有资源，谁能独占资源谁就能控制市场。唯一能打破这种规律的方法就是自己造平台，然后用自己的平台去产出，但一般的大学生初创者根本没有这样的资源，导致了创业的困难。

四、创业资源的开发

（一）市场竞争是大学生成功创业的考验

市场是接触客户和消费者的渠道，只有通过市场渠道来和消费者建立关系，才能推动产品销量。目前，我们处在一个信息化的时代，市场资源凝聚了大量客户信息，市场资源就是销售力。随着商业的不断发展，市场竞争力越来越激烈，掌握更多的市场资源不仅意味着可以节约很多的时间成本，最关键的是能快速熟悉市场资源，实现创业项目的成功发展。市场资源整合的能力将决定着创业者的成功与否。因此，大学生在创业过程中应该进行市场调研等工作，尽快掌握市场资源，以便能快速适应市场竞争。

（二）资金支持是大学生创业的基本保障

现在创业的人越来越多，都想拥有一份属于自己的事业，都想跟紧创业的步伐，但是想创业需要一定的资金。俗话说得好，君子无本难行利。对于大学生来说，刚走出校园，资金已成为创业路上的绊脚石，而当下获取创业资金的办法也不少。目前在大学生创业过程中众筹是一种比较受欢迎的融资形式，因为众筹不受创业项目类型的影响，只要拥有创业项目就可以通过众筹的方式来获得创业的启动资金。其次寻找合作搭档也是一个不错的选择，合作搭档会提供一定的资金支持，而且一般投资商都是有过创业经验，对于刚创业的小白来说，这样一个带资并且经验丰富的对象是不错的选择。

（三）人才培养是大学生成功创业的不竭动力

当今社会，人才的竞争是十分激烈的，只有拥有专业扎实的技术与知识，才能在众多人群中脱颖而出。人才为大学生创业提供了不竭动力，有了人才的加入，创业者才能在竞争中取得优势。人才资源的开发是时代的必然趋势，特别是在激烈的市场竞争中，创业者之间的竞争已经发展为了人才之间的竞争。大学生在创业时由于经验不足，可以寻求一些专项性的人才，有计划地进行人才开发和培养，把人才的知识、技术作为一种资源进行挖掘和利用，依靠人才对创业事业进行创新和改造。

第四节 高校大学生创新创业要素之创业计划

一、创业计划与创业计划书

（一）创业计划的概念

创业计划是创业者对创业项目从市场宏观和微观环境、市场服务需求、市场竞争态势、创业项目筛选、服务产品研发、商业盈利模式、公司发展战略、市场营销策略、创业团队建设、项目融资筹划、项目财务分析、项目风险分析与控制等内容的全面描述、分析、思考和规划。

(二) 创业计划书的含义

创业计划书就是我们的创业策划方案，它不仅是创业者的创业指南和实施路径，也是叩响投资者大门的"敲门砖"。创业计划书既是给自己看的，也是给创业合伙人和投资人看的。给合伙人看，是为了向对方描述清楚该创业项目的未来发展前景和盈利性，邀约对方加盟一起创业；给投资人看，是为了获得投资人对项目的认可，争取创业融资。近年来，创新创业大赛如火如荼，一浪高过一浪，创新创业大赛评审的主要材料就是创业计划书，所以，学会编写一本高质量的创业计划书对于取得创新创业大赛的好名次十分重要。

二、创业计划书编写模块

(一) 计划摘要模块

创业计划书的创业计划摘要是对整个创业计划书的概括与精华提炼，一般字数不能太多，篇幅控制在 2 页 A4 纸即可。计划摘要的重点是围绕创业项目的社会和经济环境背景情况、市场痛点和市场需求、市场空间容量、产品与服务的内容、创业团队情况、创业项目的优势与特色、创业项目的商业盈利模式、创业项目的投资与回报、创业项目的风险分析以及创业融资计划等主要内容的概括描述。

(二) 公司介绍模块

公司介绍就是要将创业公司的概况介绍清楚。在对创业公司的描述中，要让投资人和大赛专家评委了解清楚创业公司的基本情况，如公司主营业务是做什么的；公司是哪年成立的；公司的注册资金是多少，注册资金是实缴还是认缴；公司注册地点在哪里；公司目前有多少员工，有几名股东；公司的产品是什么；公司提供的服务是什么；公司近三年的财务状况如何，年销售收入和利润是多少万元；公司是否获得过融资，如果获得过融资那么融资额是多少万元，进行的是哪轮融资；公司已经取得哪些资质和荣誉；公司是否存在法律纠纷和官司等。

(三) 产品与服务模块

产品与服务是创业计划书描述的重要内容，是投资人和创业大赛评委关注的重要指标。我们在描述项目产品时，不仅要围绕产品材料、产品技术、产品工艺、产品设计、产品质量、产品功能、产品外形、产品尺寸、产品包装等方面进行描述，还要围绕产品的技术水平、产品特色、所取得的知识产权以及参加展览比赛所获奖项等内容来描述。

（四）创业团队模块

创业团队是创业项目能否顺利实施的关键，创业团队对于能否有效运营创业项目，实现创业成功至关重要。所以，在创业计划书中，创业团队的描述就显得十分重要。那么该如何完整地介绍创业团队，以便把创业团队的优势尽可能展现出来呢？对于大学生的创业项目，除了创业团队在价值观、经营理念上保持一致外，还要保证团队在专业知识、个人能力、社会经验、脾气性格等方面保持互补。

（五）技术分析模块

创业计划书一定不要遗漏技术分析。现在很多创业项目都属于技术类项目，对于技术类的项目我们一定要做客观的技术分析，才能确定这个项目技术水平高不高，技术附加值大不大，技术的创新性强不强，技术的延伸性长不长，技术的扩展性宽不宽，技术的兼容性好不好，技术的门槛性高不高。

（六）市场环境分析模块

市场环境分析是创业计划书的重要模块内容。创业者在创业项目启动前一定要做好前期的市场调研工作，要通过门户网站、微信、微博、电视、广播、报纸、杂志、广告、会议、展览等各种渠道收集信息，并对项目产品进行全面和认真的市场分析。

（七）竞争态势分析模块

创业策划过程中一定要对创业项目的竞争态势进行分析，这样才能综合分析创业项目的情况，评估创业项目实施的可行性。竞争态势分析常用到的管理工具有 SWOT 分析和 PEST 分析两种分析工具。

1.SWOT 分析

SWOT 分析实际上就是将对公司内外部条件各方面内容进行综合和概括，进而分析组织的优势、劣势、面临的机会和威胁的一种方法。通过 SWOT 分析，可以帮助创业者更加全面、客观地认清自己的创业项目优势在哪里，劣势在哪里，机会在哪里，竞争在哪里，真正做到知己知彼，练好内功，减少创业失败。SWOT 分析工具包括四个关键的分析要素。

2.PEST 分析工具

PEST 分析工具也是一种常用的宏观环境下的分析工具。宏观环境又称一般环境，是指影响一切行业和企业的各种宏观力量。对宏观环境因素进行分析，不同行业和企业根据自身特点和经营需要，分析的具体内容也会有差异。

（八）风险分析与控制模块

创业计划书中对风险分析和风险控制的描述十分重要，它可以帮助创业者清楚地看到创业项目的风险在哪里，风险性多大，应该如何规避风险，如何制订相应的风险应对预案来控制创业风险。

（九）项目财务分析模块

创业项目的财务分析在创业策划中属于十分重要的内容。资产负债表、利润表、现金流量表是三张重要的财务报表。

第四章 高校大学生创新创业能力培养

本章为高校大学生创新创业能力培养，主要从高校大学生创新创业能力综述、高校大学生创新创业指导体系、高校大学生创新创业意识培养、高校大学生创新创业能力培养等方面进行了论述。

第一节 高校大学生创新创业能力综述

一、创新创业能力

（一）创新创业能力的逻辑构成

要对创新创业能力概念进行逻辑分析，就需要借助于哲学分析的方法，不然就无法获得彻底的解决。所谓哲学的方法，就是发现事物本质的方法。我们可以从逻辑的角度把创新创业能力区分为创新能力与创业能力两个部分，虽然这种区分有点机械，并不科学，因为创新创业能力实质上是一个整体，而且是一个动态的发展过程，把它截然地区分为两个部分有简单化之嫌。但要科学地认识它就必须从创新与创业两个方面入手。

创新能力就是从新角度认识事物的能力。它是一种超越于传统认识方式的能力。如果一个人善于从多角度多方面思考问题，就说明创新潜力大。如果一个人始终不能跳出传统的思维框框，因循守旧，其创新潜力就弱。那么，创新能力的本质是什么呢？它就是一种超越自我的能力。说到底，它就是敢于否定自我的表现，敢于从新角度来审视自我。一个人一旦形成了一个固定想法，就会不自觉地向这个固定想法趋同，不敢打破这种固定的认识，因为他没有发现这种认识的局限。如果他善于反思的话，就会很快地发现这种认识的不足。超越自我，说到底就是发现了新的自我，即发现了自己新的发展可能性。创新人格的理念古代就有,《论语·子罕》中的"四勿"说就包含了创新理念:勿意、勿必、勿固、勿我。

创业能力是一个人敢于把自己想法付诸行动的能力,说到底就是一种实践能力。一个人经常会有一些新想法但不会去行动,因为行动意味着必须进行改变自己传统的做法,克服自己对传统的依赖趋势,这种行为习惯改变对自己而言确实挑战非常大。这说明,创业能力本质就是实现自我的能力。创新为自我找到了新的发展方向,而创业使人格发展走向完善,这实质上是一个成就自我的过程。

一个人之所以具有强大的创新创业动力,在于他发现了自己的成长方向,认识到自己的发展前途,为自己的行为注入了强大的动力,而创业过程就是一个实现自己理想的过程。一个人发现自己的发展方向是在不断试错过程中完成的,其间他不断接受挑战和内心不断经历挣扎,是一个战胜自我的过程,即战胜自己懦弱的一面,强化坚毅的一面,使自己的信心更强。故而,创新创业过程是一个不断建构自我的过程,实质上是一个实现自我主动发展的过程。

人的一切行为从根本上讲都是思想观念的表现,无论是有意识的还是无意识的,而一个人的思想观念又是主体与环境互动的结果,如果没有思想观念作为一个人行动的基础,那么他的行为就是不可理解的。每个人都有多个面相,如既有坚强的一面,也有懦弱的一面;既有阳光的一面,也有阴暗的一面;既有自信的一面,也有自卑的一面,关键是哪一面占据上风。这种表现往往与环境的影响有直接的关系,也与自己人格特质有关,如果一个人生长在一个支持性的氛围中,就更容易展示自己阳光的一面、坚强的一面、自信的一面,否则就会展示出另一面。人的成长过程往往使每个人都呈现出多重人格,而非始终不变的单一面相。每个人都有多重面相,在环境的作用下某些面相得到了强化,某些面相受到了抑制。既不存在天生善良的人,也不存在天生的恶人,一切都是环境熏陶的结果,只是人们意识到或未意识到。

创新创业活动显然需要许多能力相互支持相互配合,不是仅靠某种能力就能够完成,任何一种能力都无法完成创新创业活动。所以,我们通常所说的创新创业能力是一个概括能力、总体能力、系统能力和综合能力,而不是单纯指某一方面的能力。因为创新创业活动几乎涉及所有能力,但不能把所有能力都罗列为创新创业能力。故而,我们在指称创新创业能力时一般只是称其中的关键能力,也即缺乏了那些能力就无法开展创新创业活动,它们是创新创业教育重点培养的能力。

（二）创新创业能力蕴含的七个关键性能力

创新创业能力实质上是一种有效行动能力，是突破自我发展过程中所遇到的难关的能力。一般而言，创新创业过程中都会遇到七个关口，在这七个关口中衍生出创新创业的七个能力。

1. 自我分析能力

第一个关口"准确地自我定位"，就是要知道自己究竟该做什么和能做什么。这涉及对自己的优势劣势分析，包括对环境状况的分析，只有进行这种理智分析之后，才能确定自己的行动目标。显然，如果认识不到自己的优势和劣势就无法采取任何有价值的行动。所以，一个人能够客观准确地认识自己是成功的第一步。当然，认识自己是以环境发展变化为参照的，在某种状况下，自己的优势是真正优势，换一种情境可能就不再是优势了。自我定位的能力说到底就是目标确定能力。

2. 行动谋划能力

第二个关口是"谋划关"，即能够深思熟虑，知道自己应该采取什么样的发展路径去实现自己的目标，知道自己该怎么做。这就是在考验一个人的行动谋划能力，其中既有战略层面的也有战术层面的。其关键点是认识到行动目标与行动策略之间的关系，知道自己行动所依赖的因素，能够对这些因素之间的复杂关系理出一个清晰脉络，即知道它们之间的相互依存关系，不把它们看成简单的固定不变的关系，特别是认识到各要素之间联系的关键点所在，这样才能抓住要点。显然，这是对一个人认识能力状况的系统检视。

3. 果断抉择能力

第三个关口是"抉择关"，即知道该从哪里起步和从何处突破，知道自己该如何抉择。所谓开局顺，步步顺；开局差，扳回难。所以，怎么把握事物的龙头非常关键。首战告捷能够大大鼓舞士气，能够增强自信心，否则就可能使一个人重新选择，甚至简单地否定自我。任何重要发展节点都需要进行决断，可以说，如何决断关系到整体发展方向，决定事物发展全局。所以，决断力不仅是勇气的表现，更是智慧的表现，也是一个人气魄的表现，格局大小在此处能充分体现出来。所以"抉择关"考验的是果断抉择能力。

4. 沟通合作能力

第四个关口是"合作关"，即知道该如何经营和维系团队，能够动员一切可能的资源而形成合力。经营能力实质上是一种合作能力，也即如何带领团队进行共同奋斗的能力。人们一旦付诸行动就必然产生与人合作的问题，就面临团队如何经营的问题。即使个体户也需要与家庭成员进行沟通，不然家庭内部也会闹矛盾。与人合作的过程实际上就是分工合作问题，其关键点是利益分配问题和相互制约问题，也可以说是责权利相统一的问题。这个说起来容易，做起来非常烦琐复杂。许多人刚开始采取平均主义策略，时间一长就发现这容易失效，就需要重新制定分配策略，这样就会出现矛盾。所以，一开始就确定一个主导者非常重要，这就是一种争端解决机制，如果采用平均主义分配策略，就容易导致责任不清，之后再进行调整就非常困难，甚至会出现反目成仇。显然，该关口所考验的是沟通合作能力。

5. 机遇把握能力

第五个关口是"机遇关"，即知道如何抓住发展机遇。机会往往稍纵即逝，不善于捕捉机遇很容易事倍功半。任何时候机遇只留给有准备的人。一个人的发展经常会遇到一些微不可察的机遇，善于发现并善于捕捉就容易成功。任何发展都需要借势，而不是简单地使用蛮力。"乘风破浪会有时"，这说明机遇的重要性。如果不善于借势发力，很难在竞争中取得优势地位。说到底，在这个关口所需要的是机遇把握能力。

6. 风险防范能力

第六个关口是"风险关"，即善于防范风险。任何人做任何事情都存在失败的风险，要想避免失败，就必须周密部署，防范风险的发生。一个人无论如何精明，都不可能做到万无一失，因此必须做好风险防范的准备。无论从事什么活动都会遇到成本问题、效用问题和信任问题。风险往往发生在机遇捕捉过程中。往往有失才有得，关键在于是否舍得。风险防范过程也是对个体预见力和胆识的考验。这个关口挑战的是风险防范能力。

7. 挫折克服能力

第七关即"挫折关"，即能够抵御失败造成的影响。一个人完全不遇到挫折和失败是不可能的，当挫折和失败真正发生之后，就必须勇于面对并承担所带来的不利后果。一旦风险无法抵御，超过了预期，就需要理性地接受，这是对自信心的重大考验。通过了失败的考验，自信心就会提升一个层次，反之则可能会出现自信心退化现象。因此，抵御风险是对个体能力素质特别是意志力的全面考验。在这个关口，就是考验一个人是否具有逆境奋起能力。具备了这种能力，才能克服重重险阻，才能顺利到达成功的彼岸，个体的能力素质也能由此而获得提升。相反，如果人不具备逆境奋起能力，就可能在遭遇挫折后一蹶不振，能力素质发展就会出现退化。

二、大学生创新创业能力多维分析

（一）产教融合视域下大学生创新创业能力

1. 产教融合视域下大学生创新创业能力培养的意义

（1）能够更好地满足经济转型发展的要求

信息时代的到来使得经济社会发展迈向新台阶，各行业都面临转型升级的重要挑战。具有创新思维和创新能力的人才已经成为各行业不断向前发展的关键资源，由此也推动了产教融合的快速发展。因此，实现对大学生创新创业能力的培养可以使得区域经济转型升级变得更为顺利，优化地区产业结构，同时能够有效提升社会生产力水平，最终促进整个经济健康持续发展。

（2）可以提升高校教育教学质量

随着我国经济发展步入新常态，产业结构优化升级的步伐不断加快，对专业化人才的需求不断提升，高校传统的人才培养模式已经越来越不适应经济社会的发展需要。在产教融合视域下，强化对大学生创新创业能力的培养，可以使得高校的教育教学更加切合经济社会的发展需要，实现人才培养和产业发展的相互融合，进而可以有效提升高校的教育教学质量，也有助于促进我国高等教育事业的持续发展。

（3）有助于提升企业综合创新能力

随着产业经济的不断发展，对企业创新能力提出了更高水平的要求，而企业创新能力的提升主要依赖于专业化人才。创新能力对企业的生产力水平和市场竞争优势具有直接影响，是企业提升利润空间的主要措施。强化对大学生创新创业能力的培养，不仅可以使其掌握丰富的理论知识，还能够提升创新思维和实践能力，对于激发企业创新活力、增添企业创新动力和加快企业创新成果的转化都具有十分重要的意义。因此，在产教融合背景下实现对大学生创新创业能力的培养已经成为提升企业综合创新能力的重要举措。

2. 产教融合视域下大学生创新创业能力存在的问题

（1）缺乏创新创业教育意识和经验

长期以来，由于受到传统教育模式和理念的影响，大学生在就业理念方面还相对落后，对创新创业的认识还不到位，难以充分发挥主观能动性参与到创新创业活动中，而高校对产教融合的认识还不到位，在对大学生创新创业能力培养方面还缺乏清晰的认识，因此难以在日常的教育教学中充分提升创新创业教育的重要地位。同时，我国的产教融合和创新创业教育都处于起步阶段，受到传统教育模式和理念根深蒂固的影响，很多高校不敢进行大胆的尝试，缺乏必要的创新创业教育经验，加上政府在正常指引方面存在欠缺，因此难以在短时间内取得高校在校大学生创新创业能力培养方面的成果。

（2）缺乏完善的创新创业课程体系

在产教融合视域下，只有构建完善的课程体系才能实现对大学生创新创业能力的有效培养，课程体系具有重要的平台和载体作用。但是当前大部分高校还缺乏完善的课程体系，仅将创新创业教育视为某一年期或学年度大学生的选修课或课外拓展课。大部分高校在课程体系设置方面主要是以大学生就业为目标。没有充分考虑到新时期对大学生创新创业能力培养的重要性，因此也没有将其纳入主要的教学体系中。另外，有些大学在进行创新创业教育过程中仅停留在理论层面，向学生传授创新创业理论和方法，但缺乏必要的创新创业实践教育，大学生难以通过实践对其所掌握的创新创业理论进行检验，所以虽然很多大学生受到过创新创业方面的教育，但其创新创业能力却依旧较低，难以满足产教融合视域下经济社会发展的要求。

（3）缺乏高素质的师资团队

在产教融合视域下，要想全面强化对大学生创新创业能力的培养，关键在于组建一支高素质的教师团队，这也是当前存在的重要短板。很多高校在对大学生进行创新创业教育过程中主要是以高校现有教师为主，很多教师虽然具有丰富的理论知识，但缺乏创新创业实践经验，因此其教育成效并不明显。大部分高校没有组建以企业家和现有教师为一体的创新创业能力培养团队，因此难以将创新创业的实践经验和方法技巧充分融入日常的教育教学工作中。所以大学生只能被动地接受理论层面的知识，并没有深刻领会创新创业的实质，也不利于培养大学生创新创业精神，其对创新创业的兴趣和积极性也难以被有效调动。所以，师资团队方面的欠缺在很大程度上限制了产教融合视域下对大学生创新创业能力的培养，高校需要在师资团队建设方面强化与企业的全面合作。

（4）校企人才协同培养机制不健全

对大学生创新创业能力的培养成果最终要在各行各业中得以体现，在人才市场中，企业作为需求者而存在，其对大学生创新创业能力的要求较高。所以，建立完善的校企人才协同培养机制可以为大学生创新创业能力的培养提供有效的保障，也能够在大学生接受理论教育的同时能够有相应的实践平台，实现理论教学和实践教学的相互融合。但当前高校与企业之间在大学生创新创业能力培养方面的合作力度还不足，限制了大学生创新创业实践能力的培养，而高校所培养的大学生在很大程度上难以满足各行业企业的发展需求。很多企业对高校所开展的创新创业教育缺乏深入了解，甚至对其教育教学成果存在一定的质疑，加上市场竞争的不断加剧使得企业较为重视短期利益，因此很多企业不愿意参与到大学生创新创业能力培养过程中，因此使得大学生创新创业教育成效大打折扣。

（二）个性化教育视域下大学生创新创业能力

1. 个性化教育视域下大学生创新创业能力培养的意义

（1）有利于培养学生的创新能力

在个性化教育背景下，对学生开展创新创业能力的培养，是个性化教育实施的出发点和落脚点，能使学生的创新创业意识和创新创业能力得到培养，进而帮助学生快速成长。由于大学生的专业能力和专业素养存在较大差异，因此，高校教师在对学生开展创新能力培养的过程中，应尊重学生在创新创业教育活动当中的主体地位。摒弃传统创新创业教育模式，利用信息技术根据学生的实际学习情况，将创新创业教学模式进行创新和完善，以培养学生创新能力和创新意识为主，锻炼学生的发散性思维，引导学生独立思考，以此有效地对学生展开创新创业教育教学。

（2）有利于培养学生的创业能力

随着我国社会经济的不断发展，国家越来越重视对学生创新创业能力的培养，并对学生的专业能力提出了更高要求。高校应顺应时代发展需求和社会发展的需要，根据学生的实际学习情况，对学生开展创业能力的培养；使学生具备一定的社会竞争优势。而在个性化教育视域下，对学生开展个性化创新创业教育教学，激发学生学习意识，提高学生学习积极性和主动性，可帮助学生步入社会进行创业打下扎实的基础。不断培养学生创业能力和创业意识，使学生意识到具备较强的专业能力和创新能力，对今后自身发展起到的重要作用。根据学生的个性化需求，对学生展开创新创业能力的培养，使大学生成长为满足国家需求的优秀人才。

（3）有利于促进学生个性和创造力的发展

高校对学生开展创新创业课程教学，对培养学生创新能力和创业能力具有积极作用。高校开展创新创业教学活动过程中，应根据学生的实际学习情况和个性特点，为学生构建多样化创新创业课程体系，使学生的创新创业能力和创新创业意识得到有效培养，使学生的创新创业能力符合自身发展需求，为学生今后步入社会发展提供有力保障。此外，每个学生都有自己的独特个性和特点，对相同的事物有着不同的看法。在教学过程中促进学生个性发展、培养学生创造力和想象力，这也是对学生进行创新创业意识和创新创业能力培养的重要内容。

2. 个性化教育视域下大学生创新创业能力培养存在的问题

（1）高校教学模式过于单一

在个性化教育视域下，虽然我国高校创新创业教育取得了一定效果，但由于部分高校并未重视对学生创新创业能力的培养，更注重对学生创新创业基础知识的教学，学生实践能力并未得到足够重视，导致学生自身理论与实践掌握不平衡。此外，部分高校创新创业教学模式过于单一，导致学生在参与创新创业教育活动当中，对创新创业知识和创新创业能力的学习效率和质量下降。部分教师未重视创新创业教育模式创新和改革；学生在校内开展创新创业项目过程中，高校缺乏全方位指导支持，导致学生的创新创业项目成功率不高，这也打击了学生的创新创业积极性。

（2）高校教学体系尚未完善

虽然高校重视对学生创新创业能力的培养，但由于部分高校开展的创新创业教学模式过于单一、传统，其创新创业教学体系尚未完善，没有跟随时代发展的脚步，将创新创业教学体系进行完善和创新，导致高校培养出来的创新创业人才并不符合时代发展需求。此外，因学生毕业后需要步入社会进行创业或就业，而越来越多的企业对复合型人才的需求越来越高，但部分高校未重视将高校创新创业教学体系与信息技术结合，使教师开展的创新创业教学课程过于传统，学生被动学习创新创业。此外，部分教师也未在课堂中对学生进行创新创业意识的培养，导致部分学生掌握的专业能力和技能过于单一，无法在社会上寻找到符合自身发展的工作。

（3）教师教学能力有待提升

教师的教学能力决定了学生创新创业能力的高低。因此，在个性化教育视域下，提高教师教学能力和教学素养，对培养学生创新创业能力起到关键作用。但从目前情况来看，高校教师在对学生进行创新创业教学活动的过程中，仍对学生采用传统创新创业教学模式，也未利用信息技术，为学生构建多样化课程体系。学生在传统创新创业教学模式中进行学习和实践，无法充分学习到符合自身的创新创业知识和创新创业能力。教师与学生在课堂中的交流和互动频率较低，也没有通过其他途径提升教师教学能力和教学素养，进而无法更好地为大学生创新创业能力培养服务。

（三）校企协同视域下大学生创新创业能力

1. 校企协同视域下大学生创新创业能力培养的意义

（1）企业与高校存在内在价值的契合

网络时代的发展，使企业用工要求发生重大变化，除基础的专业技能外，企业更需要具备创新意识的人才，使创新成为学生强化自身竞争能力的有效途径。面对这种变化，高校人才培养工作内容和形式做出调整，以校企协同开展创新创业教育为特色，充分发挥两者各自的优势，这有利于企业和高校的共同发展。从高校角度而言，传统单一的创新创业教育模式，难以适应时代的发展要求。而企业的参与，可将企业的技术和管理模式带入到教学中，使学生及时了解前沿信息，定位自身创新创业的方向；还可借助企业资源建设实践基地，帮助学生利用理论知识参与实践活动，使创新创业教育围绕人才全面发展的目标开展，促使学生的创新意识和创业能力得到显著提升。从企业角度而言，面对日益激烈的市场竞争，强化自身内在实力的关键是获取高素质人才。在校企协同育人的过程中，企业可将人才培养计划落实到实践中，帮助学生掌握和了解企业发展的需要，并依据企业的要求进行学习。鼓励学生参与创新项目，积累更多的实践经验，在进入企业后能够快速适应岗位，充实企业的人才队伍。学校和企业两者之间资源和优势的互补，为两者的合作提供了基础保障，也为更高效地落实创新创业教育提供了更多的可能性。

（2）双创教育是促进专业人才发展的重要途径

随着智慧时代和数字时代的到来，人才的内涵出现较大的变化。从广义上来说，人才可分为普通型、技能型、创新创业型，传统教育模式下培养的普通型人才，是企业同类人力资本的主要构成，他们有着一定的劳动能力，其存在的价值对于企业而言，不具备实质性的改变。而技能型人才在专业知识和能力上较为突出，面对专业相关的工作任务，可高效地完成，这部分人力资本是带动企业经济发展的关键。而创新创业型人才具有高层次的知识应用能力，且善于创造和创新。他们更加勇于创新和探索，可为企业带来经营管理上的新思路，是企业创新发展的内在动能。因为这类人才有着不可替代的特征：在企业竞争日益加剧的情况下，社会对这类人才有着一定的需求，这类人才也更容易在人才市场中脱颖而出。高校作为高质量人才的培育阵地，面对创新创业型人才具备的各方面优势，开始逐步认识到提升学生创新意识与能力，促进学生参与创业的重要性，并纷纷开设相关的课程，确立人才培育的新目标。在与企业开展合作的过程中，院校突破以往课堂教学的束缚，以企业生产实际为导向，将人才培养定位在创新能力和实践能力提升方面，促进企业积极参与创新创业项目，为人才培养提供资源、技术、理论上的帮助，在合作上两者形成共同的目标，即满足学生全面化的发展，为创新创业型人才提供支撑与保障。

2. 校企协同视域下大学生创新创业能力培养的主要困境

（1）协同育人体系建设不完善，企业未参与人才培养全过程

现阶段，在国家倡导"大众创业、万众创新"的大环境下，高校与企业之间的合作，以培养全面发展的人才为最终目标，并以此为核心开展各类创新创业实践活动。然而，在落实各项活动时，企业参与活动安排与设计，以及制订培养计划和体系的主动性不强，两者的协同发展还存在一定的问题。究其原因，主要在于企业与高校存在利益矛盾，两者合作的层次较为浅显，难以获得人才培育上的显著成果。一方面，在育人体系上，高校所设置的创新实践课程体系不够完善，学生没有机会参与创新创业项目，部分活动还没有被纳入评价考核体系中，造成学生对创新创业的重视度不够。另一方面，企业和院校还没有签订订单式的培养计划，企业在激烈的市场竞争中，将更多的资源和资金倾向于内部建设，对于校企合作这类短时间内看不到收益的活动，企业参与的积极性不高，没有安排员工为教学和实践提供指导，同时企业也没有真正地参与到创新创业教学中，从而导致学生的能力发展无法满足企业的实际需要。

（2）理论与实践结合不紧密，培养目标的融合度不高

现阶段，在校企协作育人的过程中，创新创业教学理论和实践融合不紧密的问题，是学生创新创业能力发展的主要阻碍。具体而言，一是创新创业教材内容的更新速度过慢，对于国家推行的相关优惠政策，以及部分创新理念的关注过少，难以贴合企业的需求。同时理论内容过多，造成学生的知识应用性不强。二是各大院校对创新创业的重视不够，所开展的教学研究工作，更加偏向于科研和产学研方面，教师在创新创业教学研究上的精力投入不足，使学生获得的创新创业指导不够，整体的育人效果达不到预期。三是高校教师创新经验过少，虽然在新一轮的教育改革下，院校重视对教师的培养。部分教师虽参与过企业的实训活动，但没有深入到企业创新项目中，对部分创新理论和技术的了解不全面，难以为学生提供更多的辅助。校企协同开展创新创业教育，其目标是培养具备创新思维和创业能力的优秀人才。而在落实过程中，理论和实践融合不紧密，使协同合作难以发挥两者的优势，难以保障培养目标的顺利达成。

（3）企业兼职教师协同参与"双师型"师资力量整体较弱

在大学生创新创业教育中师资力量的强弱，决定着创新创业教育的成效和质量，决定着学校核心竞争力的高低。虽然目前我国大部分学校的师资都是高学历人才，但仅擅长理论研究而严重匮乏企业经验。在这一背景下，为满足校企协同开展大学生创新创业教育要求，解决创新创业教育师资队伍知识结构、实践经验无法满足创新创业教育要求这一问题，必须要依靠合作企业内部兼职教师的支撑。虽然企业内部的兼职教师在思维方式、工作态度、人才培养模式以及价值观念等方面与学校专职教师相比存在一定的差异，但他们在工作领域中形成的战略眼光、创新创造意识、协作精神却较为突出，具备校内专职教师没有的职业灵感和性格特质。因此，加强合作企业兼职教师的协同参与，是解决大学生创新创业教育中"双师型"师资力量匮乏问题的重要途径。但是，由于学校在通过校企合作培育大学生创新创业能力的过程中，忽略了师资队伍建设的作用与价值，而且依靠校内现有专职教师开展创新创业教育活动，导致大学生创新创业教育存在零散型、随意性与碎片化等现象，校企双方的协调组织艰难，协同创新难以落到实处。

（四）新冠疫情防控背景下大学生创业面临的新困难

1. 团队作战和导师指导效率降低

大学生创业往往是以团队形式进行，突然爆发的新冠疫情把学生分散在全国不同的城市，这对创业团队的协作造成干扰，很多团队甚至被迫停止开展创业项目。一方面，大学生的创业项目需要进行实体销售、专业技术服务、专业培训指导或者大量的社会调查，这部分的创业项目在疫情的影响下根本无法开展。团队成员分散于不同的城市进行隔离，使得队员之间沟通交流的效率大大降低，或者根本无法进行正常的沟通交流。另一方面，疫情作为全球重大卫生事件，对全球的经济业态和发展趋势造成重大影响，社会经济情况、经济发展趋势、消费者消费观念、消费行为和消费理念都较之前发生了很大的变化。因此，对于部分大学生的创业项目来说，其内容的可执行性大大降低，甚至需要重新开始调研，这种影响是始料未及的。同时，创业导师对团队的指导效率也大大降低，尽管老师可以通过电话、微信的方式对学生进行指导，但内容和交流受到限制，降低了老师的指导效果和效率。

2. 疫情对大学创业信心的影响

新冠疫情防控背景下，人们的生活和心理都受到影响，承受着压力和困难，特别是正在创业的大学生。创业本身对于大学生来说就是一个极具挑战的选择，学生要应对非常大的压力和困难，而疫情的爆发让这个过程更为艰巨。首先，疫情影响下，社会行业快速迭代，有些企业在过程中抓住了发展时机，不断将企业做大做强，而更多的企业在这次洗礼中销声匿迹。社会企业的变化会直接影响到大学生创业的信心，不少学生开始重新思考创业的可行性，也有的学生会直接选择放弃。其次，疫情背景下，全球的经济状态不容乐观，专家学者认为这个时候并不是创业最佳时期，这对大学生创业的信心造成负面影响。其三，疫情的影响下，很多创业的大学生受到了负面影响，因此容易对创业这件高难度的事情产生怀疑。

3. 创业融资更为困难

新冠疫情爆发后，全球经济受到了重创，很多企业甚至面临倒闭，企业已经把"求发展"的运营目标改为"活下来"。企业在面对发展决策、投资选择和经营项目的时候尤为慎重和理性。这样的经济环境下，大学生创业的融资成功率变得更小。资金作为创业项目的根本动力，是创业项目能否开始的决定因素。没有资金的输入，大学生的创业项目很难正常运行。这是疫情背景下乃至未来几年，大学生创业面临的最大难题之一。

4. 创业竞争更为激烈

疫情影响下，创业中哪些领域可为也变得相对清楚。低门槛且符合人们消费需要的创业项目被更多大学生看重，相同的市场份额下更多的人进入，让竞争变得更加激烈。比如，日常生活必需消费品行业，疫情防控期间，生活必需品一直稳定占有相应的市场份额，这一信息点能被所有想要创业的学生看到，如果大量大学生在这个领域上进行创业项目投入的话，势必加大竞争，增加创业的困难度。

第二节　高校大学生创新创业指导体系

一、大学生创新创业指导目标体系

大学生创新创业活动的起点和落脚点是创新创业指导目标。创新创业指导目标始终贯穿在对大学生进行创新创业指导的过程中，既包含当初设定的创业指导结果，也包括基于结果进行修订的创业指导行为。大学生创新创业指导目标是高校创新创业指导工作的出发点和行动指南，对创新创业指导的最终目的起到决定性的作用，是高校构建创新创业指导目标体系的重要依据。一个成功为创业者，一定要具备五项基本素质，即创新创业意识、创新创业精神、创新创业能力、创新创业品质、创新创业技能（图4-2-1）。上述五项基本素质构成了大学生创新创业指导目标体系的主要内容，并且和高校思想政治教育有着密切的联系。在大学生创新创业的过程中，高校思想政治教育起着导向和鼓励的作用。

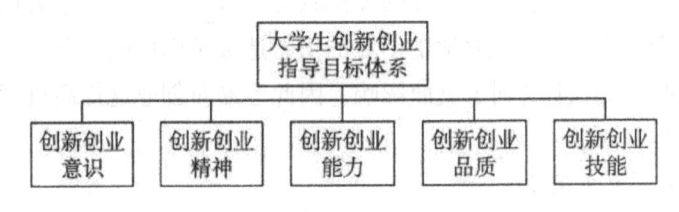

图4-2-1 大学生创新创业指导目标体系

（一）树立创新创业意识

由于受到传统"铁饭碗""金饭碗"思想的影响，长期以来不少国人的意识深处都渴求找到一份稳定的工作。就拿报考公务员来说，公务员之所以受到不少大学生的青睐，主要是因为他们觉得在所有的职业中，公务员是最稳定的，职业风险非常小，并且有比较稳定和相对较好的工资待遇。从这一现象我们能够看出，目前高校对学生创新创业教育的重视程度不足、投入不够，与社会的发展存在一定的脱节。创新创业意识并没有在广大学生的思想当中树立起来，他们想到的只是尽快就业，选择一份社会认可度高、收入不错的工作，自己去创新创业是很多大学生想都不敢想的事。高校对大学生进行创新创业指导的目的在于培养他们的创新创业素质。要想让大学生突破传统就业观念的束缚，选择自主创新创业并创业成功，就要通过创新创业课程培养他们的创新创业意识，帮助他们正确地理解创新创业。这是对创新创业由感性认知到理性认知的过程。有了创新创业意识，人们的创业行为才有了动机。没有创业意识就没有创业行为，创业成功更无从谈起。在"互联网+"的时代，伴随着5G技术开始商用，人们要先知先觉地把握创新创业的机会，树立正确的创新创业意识，这需要社会、高校、大学生三方携起手来，共同努力。

1. 营造浓郁的社会创新创业氛围

要想营造出良好的社会创新创业氛围，除了政府机关和一些机构的支持以外，家庭成员的认同也是一个很重要的因素。创新创业需要一个良好的社会氛围作为支撑，而一个良好的社会氛围也是树立创新创业意识的沃土。政府机关应该在政策、资金、设备、场地等方面对大学生进行创新创业给予必要的支持，为他们的创新创业服好务；各类媒体要积极宣传创新创业的先进人物和成功案例，把大学生创新创业的过程真实地反映给社会大众；各类公司和企业在不泄露自身核心技术的前提下要在技术层面对大学生创新创业者做出适当的指导；作为大学生的家庭成员，需要摒弃传统的就业观念，支持他们创新创业。当他们创新创业进入低谷或是停滞不前的时候，家庭成员要和他们站在一起，不断地给他们打气，给予精神支持。只有社会各界携起手来，共同努力，才能为大学生创新创业营造出良好的社会氛围。

2. 强化思想政治教育的导向功能

在高校创新创业教育的过程中，思想政治教育的导向功能能够把学生创新创业的意识激发出来，帮助他们清楚地认识到自己的价值和需要承担的社会责任，以及这个时代赋予他们的使命。因此，传统的教学模式已经无法适应高等教育的发展。高校要积极地引导学生对自己的职业生涯进行合理的规划，对自身的创新创业能力做出科学、客观的判断和分析。高校在对学生开展理想和信念教育的过程中，要融入创新创业意识的树立和对创新创业实践活动的指导，使学生在校园学习时期就可以体验创新创业，并参与其中，激发他们的创新创业意识，锻炼他们的抗压能力和受挫能力。

3. 大学生创业意识的自我培养

无论是社会氛围的营造，还是高校的教育，这些都是外部条件，只有大学生从自身内部树立起创新创业意识，才能够在创新创业这条充满荆棘、困难重重的道路上不怕挫折、披荆斩棘、奋勇向前，体现出顽强的创新创业意志和坚韧的创新创业毅力。那么，大学生应该树立哪些创新创业意识呢？第一，开拓思维意识。只有冲破旧有思维的束缚，才能够产生具有创造性的新思维。第二，团队意识。一个人的能力毕竟是有限的，但是当几个人或是一群人聚到一起的时候，智慧的火花便会被点燃，绽放出灿烂的焰火。无论是多么难的问题，都会在大家的努力下被解决，最终达到创新创业的目标。第三，人际交往意识。我们在创新创业的道路上并不一定要独自前行，我们需要朋友、合作伙伴的帮助，因此具有一定的交际能力是必不可少的。第四，细节意识。大学生在创新创业的过程中一定要注意细节，不要嫌麻烦，一项工作一项工作地去解决，形成一个有效的闭环。不能因为时间太紧和进度过快，而造成流程不畅或偷工减料，导致前功尽弃。

（二）鼓励创新创业精神

大学生创新创业者如何看待创新创业活动，以及他们创新创业的效果都取决于创新创业精神。创新创业精神是高校培养创新创业人才的一项重要内容。随着经济全球化趋势不断发展和"互联网+"时代的到来,社会和高校对创新创业精神的重视程度逐渐提高,具有创新创业精神的人才也受到各大公司的青睐。对于大学生而言,当遇到各种困难和压力的时候,更需要创新创业精神来鼓励自己,不断增强自身抗打击、抗挫折的能力,在克服困难、解决难题的过程中树立自信。但是,从目前各高校培养学生创新创业精神的实践来看,已经无法满足学生创新创业活动的需要,亟待加强。同西方一些发达国家的高校比起来,我国高校在产、学、研结合,以及创新创业校园孵化基地的建设上还有很长的一段路要走。因此,我国高校在培养大学生创新创业精神时,要着重从以下两个方面发力。

1. 在实践中注重对大学生创新创业精神的培养

通常情况下,一些高校都是以课程的形式对学生进行创新创业指导,而满堂灌的理论说教占据了大部分的课堂时间,学生的主观能动性没有被激发起来。学生坐在教室里听到的都是创新创业理论和创新创业者如何成功的案例以及他们对创新创业的感悟,很多都是前人的结果,对他们创新创业的艰辛过程了解得还不够,自然无法充分理解创新创业精神了。一些高校的创业指导似乎走出了另一条道路,他们极其注重实践活动,通过模拟创新创业环境,让学生在教师的指导和帮助下,将理论和实践充分地结合起来,学生对创新创业有了更加深刻的理解,变得更加自信,也更有责任感了。因此,高校在进行学生创新创业指导的过程中,应把实践教学放在和理论教学同等的位置上,不仅要加强理论知识的学习,更要在教学中增加实践环节,比如模拟创业过程、分小组制订创业计划、举办创业技能大赛等。在模拟创业实践的过程中,学生把课堂上学到的创新创业理论应用到实践当中,形成了创新创业所必需的意志力,对于他们创新创业精神的培养大有裨益。

2. 促使大学生创新创业精神得以内化

目前,很多高校还没有系统地开设培养学生创新创业精神的课程,导致学生缺少创新创业精神。因此,高校要加大力度培养学生的创新创业精神,帮助他们树立正确的创新创业观,使创新创业精神得到内化。为了能够充分激发学生的主观能动性,高校首先要改变教学方法,创新创业的教学方法要以学生为主体。其次要不断扩大学生的知识面。不仅从意识上,更要从行动上重视自我能力的发展。大学生的学习范围不仅仅局限在校内,还要扩展到社会,同时在实践的过程中将开拓精神、冒险精神、创新创业精神融入进来。只有把理论与实际充分地结合起来,真正地领会创新创业精神,大学生才能够将其内化为自己的创业观和人生观。

3. 引导学生利用网络教学培养创新创业精神

引导高校学生利用网络教学培养创新创业精神的主要途径是通过学校给予学生们相关的网站，从网络视频的讲解更有效地理解具体的创新创业精神的特点，加强对创新创业精神的深刻理解。

在如今新媒体为主流的时代背景下，网络上有众多的简短的科普类视频可供选择，为迎合高校学生的生活快节奏，可以通过网络视频的推送帮助学生培养创新创业精神，对于高校学生来说，或许对课堂老师进行讲授的这类传统的教学方法产生一定的抵触心理，因此为了更好地让学生能够理解创新创业精神的具体含义与其带来的相关利益，可以将网络上简短的视频推送给学生们进行观看。

同时，还可以利用网络上脱口秀的形式，在很多的脱口秀演讲中，都会以创新创业为实例进行相关讲解与吐槽，这形成了一种新型的潮流模式，例如很多脱口秀的演说家都将 Facebook 的创始人马克扎克伯格作为例子，进行相关故事的讲解，讲述在创立 FB 的过程中与自己的合伙人在情感上发生的矛盾与冲突，引导学生针对创业过程中的合作伙伴产生与以往不同的想法。观看此类视频可以培养学生们丰富的思维方式，同时为学习增添了许多的乐趣，更加有助于学生的学习与理解。

有关讲述创新创业精神的电影也有很多种类，其中有关于苹果创始人史蒂夫乔布斯就有一部讲述其创立苹果公司的相关电影，名为《史蒂夫乔布斯：遗失的访谈》，这部影片可以为想要创立科技型公司的学生们提供相应的经验与思路。将影片列成名单，推荐给学生利用课余时间进行观看，享受电影的同时还可以领会到其中的教育意义，丰富课余知识，在电影中加深对创新创业精神的理解。

（三）培养创新创业能力

高校应该注重培养学生创新创业的综合能力，包括决策能力、管理能力、理财能力。高校借助创新创业指导为学生提供实践的平台，创造创新创业的机会，让他们在实践中增强创新创业的能力。各地政府需要积极地落实国家的政策，根据本地区的发展实际，因地制宜地实施"大学生创业引领计划"并制订任务指标。高校注重培养学生创新创业能力不仅对大学生创新创业的成功率具有提升作用，也能够提升国民的创新创业素质。大学生群体整体素质比较高，容易接受新鲜事物，学习能力比较强，创新创业潜质也不错，对他们的创业潜力进行挖掘有利于培养他们的创新创业能力。因此，我们需要针对目前大学生创新创业能力发展遇到的困难提出切实可行的解决办法。对大学生创新创业能力进行挖掘和培养是一项极其复杂的任务,除了政府、企业的支持以外,还需要高校和大学生的努力。首先,政府要在政策和资金上对大学生创新创业能力的培养给予必要的支持,营造全社会创新创业的舆论氛围;其次,高校要与企业深入合作,建立创新创业实践孵化基地,为学生提供实践的平台,让他们把理论知识和实践活动充分地结合起来,不断提高自我创新创业能力,锻炼不怕困难、敢于担当的意志品质,真实地体验创新创业的艰辛;最后,大学生不要将自己困在"就业风向标"这个怪圈里,不盲目跟风,哪个行业收入高就一窝蜂地涌入哪个行业。大学生创新创业能力的培养不仅仅是局限在课堂上学习有关创新创业的理论知识,还要在实践活动中积累一定的创新创业经验,学会独立、客观地分析问题、解决问题。因此,大学生创新创业能力的培养应该在政府和企业的支持和参与下,以高校教育为平台、以实践活动为基础,不断增强大学生创新创业的自我意识。

(四)培养创新创业品质

人们对于什么是大学生创新创业品质有着各自不同的看法。《胡润百富》创刊人胡润认为一个成功的创新创业者应该具有创新、诚信、终身学习、勤奋等10项品质。我国学者赖雄麟认为,在创新创业指导的过程中,创新创业品质作为一种个性心理特征,能够起到调节大学生创新创业者的行为和心理的作用。创新创业品质是创新创业的一个重要的核心素养。目前,很多高校并不重视学生创新创业品质的培养,认为创新创业品质是学生已经拥有的心理品质,导致他们在创新创业的过程中表现出一些不足,比如缺乏团队意识、冲动、没有坚定的创业行为。在创新创业的过程中,创新创业者会不断地遇到各种来自心理和行为上的困难和挫折,他们若是缺少良好的创新创业品质,自然无法成功地进行创新创业。因此,培养大学生创新创业品质是大学生创新创业指导目标体系的一个重要内容。高校要利用好思想政治教育的导向功能,培育大学生的优良品质,比如诚信理念、社会责任感、自信心,不断拓宽磨炼大学生创新创业品质的方法和途径。我们在培养大学生创新创业品质的过程中要处理好以下四个方面的内容:首先,培养他们的社会责任感。目前,很多"95后",甚至"00后"已经成为大学生创新创业的主力军,他们的个性更加突出,接受新鲜事物的能力也更强,思维非常活跃,他们敢想敢干,但是又极易冲动,有的时候缺少合理、客观的判断。他们在选择创新创业项目的时候,可能好高骛远,与现实情况有着比较大的误差。因此,高校在指导学生进行创新创业的过程中要鼓励他们从现实出发、从基层做起,保持对市场先机的敏锐性,这样才能够走向成功。其次,大学生要树立积极乐观的创新创业心态。高校在指导学生进行创新创业的时候，要让他们认识到在创业初期应该保持一种积极的心态，不要嫌弃项目小，肯从基层做起，这样才能取得成功。再次，培养团队意识。现在的大学生虽然具备比较高的个人素质，但是他们可能缺乏团队意识，没有充分意识到团队在创新创业过程中发挥的巨大作用，特别是团队成员之间的相互鼓励、相互帮助往往能够使创新创业者渡过难关、奋勇向前。因此，高校在开展创新创业指导的时候要重视大学生创新创业团队意识的培养，更好地发挥每个大学生的创新创业品质。最后，培养执着的毅力。每一个成功的创业者的背后，都经历了无数次的失败与抉择，怎样培养具有坚强、执着、冷静等优良品质的创业者是高校需要思考的问题之一。

（五）培训创新创业技能

在本书的前面我们已经谈到了创新创业能力，国内外的一些研究将创新创业能力和创新创业技能理解为一个概念。笔者认为，我们不应该将一个成功的大学生创新创业者需要拥有的创新创业技能用创新创业能力简单地予以表达。笔者把创新创业能力理解为人的一种潜在能力，它由隐性潜能和个性特质共同组成。同创新创业能力比起来，创新创业技能更加侧重像胜任创新创业操作技能、创新创业管理技能、创新创业机会把握技能这样具体的创新创业活动的能力。显性、可操作、具体化等是创新创业技能的特点，因此高校在指导学生创新创业的过程中便于培训。目前，很多大学生之所以创新创业成功率不高，没有在创新创业之前做好准备是其中一个很重要的原因，他们缺乏必要的创新创业技能，这就需要高校对大学生进行创新创业技能的培训。首先，高校要设立创新创业指导部门，为有创新创业意向的大学生提供必要的创新创业能力的培训。其次，培训大学生创新创业操作技能。高校可以经常举办创业计划书制作大赛、组织创意项目活动、模拟创业大赛、创建电子商务网站等活动，鼓励大学生积极地参与创新创业活动，不断提高他们的创新创业操作技能。最后，高校要善于引导大学生去观察身边的事物，发现其中蕴藏的创新创业机会，把握先机。当然，只是将关注点放在创新创业准备阶段的技能培训是远远不够的，高校还要对学生在创新创业过程中需要具备的创新创业技能进行培训，比如管理技能。虽然高校可以通过一系列形式多样、内容丰富的创新创业活动来培训大学生的创新创业技能，但是像市场营销、人力资源管理、风险管理、财务管理这样的管理技能也是需要进行培训的。与此同时，高校要将思想政治教育同大学生创新创业技能的培训结合起来，从内在激发大学生创新创业的思想动机，积极主动地去学习创新创业技能，为今后的创新创业做好前期准备。发挥思想政治教育的导向功能，使大学生认识到创新创业过程并非一帆风顺，必将伴随着激烈的竞争和重重困难，帮助他们树立坚定的创新创业信心，不怕困难、勇往直前，积极自主地学习创新创业技能，参与相关活动和培训，为创新创业之路做好铺垫。

二、大学生创新创业实践教学体系

（一）成立创新创业教育工作领导小组和工作小组

在学校及院系级成立创新创业教育工作领导小组和工作小组，定期安排部署创新创业教育工作，各部门明确职责，协调配合创新创业部门的工作部署与要求，对全校创新创业教育进行统筹规划、合理安排、切实加强组织领导、组织落实。

各大院校将创新创业教育贯穿于人才培养全过程，建立健全课堂创新、自主学习、实践融合、指导帮扶、培训赋能等一体化教学模式的高质量、高标准教育体系，保证和提高人才培养质量作为创新创业教育工作的核心从而增强大学生的创新精神、创业意识和创新创业能力。同时，建立以创新创业为导向的新型人才培养模式，探索校企、校所、校校协同发展的创新创业人才培养机制，打造一批创新创业教育特色示范课程和示范基地。

（二）合理设定创新创业教育的目标

根据院校的人才培养方案和人才培养规格，合理设定创新创业教育的目标，提升教师创新创业教学能力，使创新创业教育与专业教育、院校特色、院校优势资源有机融合，相互促进。当下，各大院校陆续制订了相对完整的教师创新创业能力培养计划，采取了行之有效的举措，通过强化高校教师创新创业教学能力和素养培训，改革教学方法和绩效考核方式，推动教师把国际、国内学术最前沿的知识、最新科研成果和实践经验融入课堂的教学中。聘请校外具备专业知识、专业技能和有丰富经验的优秀人才作为担任双创导师进行师资队伍的扩展与补充，同时继续实施鼓励和完善双创导师到企业进行挂职锻炼的保障和激励计划。有必要建立校企、校所、校校双创培训基地，定期开展学习交流、培训，从根本上增强和提升教师创新创业教学、实战指导能力。

（三）加强大学生创新创业培训

加强大学生创新创业培训，组织双创导师深入校园举办大讲堂，进行创业政策解读、创业经验分享、"师带徒"式实践指导，创新培训模式。创新创业教育从根本上是培养学生的创新创业意识，发挥学生的创造力，增强其创新创业能力。因此各高校应充分联合教育主管部门、企事业单位及社会组织建立协同合作机制，通过制度化、常态化丰富第二课堂，充分发挥校内众创空间，校外大学生创业园、科技园等各类实践平台，面向各高校教师、学生免费开放，开展专业化的校内校外第二课堂的实践学习，真正做到理论与实践的有效结合。同时组建校内创新创业师生团队，形成实践活动记录机制，留存和推广优秀案例，积极组织学生参加各类具有影响力的创新创业大赛。大力宣传自主创业成功的创业者们的先进事迹，通过他们的感人事迹，坚定学生创新创业的信心，帮助大学生树立创业的信心。

（四）建立大学生创新创业信息服务平台

建立大学生创新创业信息服务平台，推动各项扶持政策的落地。各高校应积极建立校内大学生创新创业服务平台，汇集各类金融、财税及政策帮扶的优质资源，加强各类信息的联动与整合，做好发布、链接的功能，同时需要及时收集、获取国家、区域、行业、企业的需求，为大学生精准地推送行业、市场和企业的最新动向及消息。加强对大学生获奖项目、自创项目的跟踪、指导、赋能等多方位的支持与服务。让大学生真正地参与投入并发挥个人的价值，并在实践中探索自己的兴趣、能力、价值观，从而对就业创业做更准确的决策与行动。

（五）建立创新创业实践教学模型

1. 起步阶段

起步阶段是高校学生进行专业化实践训练的基础，主要目的是让学生掌握基本的创新创业理论知识，达到对"双创"人才培养方案的基本认识。这个阶段主要有社会调查活动、课堂上的实验操作和基础性的参观见习，使学生了解需要掌握的操作技能，活用学到的知识，在实践中不断发现问题，深入实地考查研究课堂上的理论化内容，再通过见习的方式参与专业实践活动学习创业知识。

2. 实践阶段

学生学到一定专业性的理论知识后把学到的知识转化成动手操作能力，使理论知识在实践中落地生根，促成对教学内容的吸收和理解。专业实践教学活动主要有设计课程、项目实践和专业化实训等方面内容，借助这些环节，学生可以自主设计课程内容，培养锻炼、理解、分析实际问题的能力，不断积累操作经验，发挥优势和特长，通过与同学之间的相互协作整合学科教学内容，最后在学校部门的组织下参与到校企合作项目中感受专业实践的工作原理，拓宽视野，提高专业竞争力。

3. 综合阶段

这个阶段旨在训练和提高高校学生的综合性创新能力，通过各种学科比赛参与集体竞争，并在有关老师的指导帮助下获得优异成绩，将学到的知识与实践活动有机结合，使学生能够灵活应用所学专业知识参与创新实践活动，毕业时有一段缓冲时间磨砺工作意志，学会在毕业实习中尽早适应未来就业后带来的压力，学会在企业实训中全面发挥特长，为企业创造收益，体现自己的价值。最后通过实习报告总结创新创业实践体会。

三、大学生创新创业指导课程体系

（一）创新创业理论课程

要开展创新创业理论课程，其目的是帮助学生了解创新创业知识，掌握创新创业教育的基本理论。这不仅能够增加他们的创新创业知识，开阔他们的眼界，整体提升他们的创新创业综合能力，也能够培养他们自主学习的能力，在学习知识的同时训练他们的创新创业思维，为今后创新创业的实践活动夯实基础。目前，我国高校在专业设置上还没有"创新创业"这一专业。通常情况下，新创业指导都是其他专业的延伸和拓展。一些发达的西方国家高校对学生创新创业综合素质的培养高度重视，设置了特色鲜明、形式多样的创新创业理论课程。不仅把学生创新创业的意识激发了起来，还使学生的创新创业技能得到了培训。我国高校要想实现创新创业指导目标体系，就必须在现行课程体系中增设创新创业理论课程，从创新创业意识、品质、能力等方面加大对学生创新创业指导的力度。近几年来，我国的高校虽然对大学生创新创业的重视程度逐渐提高，但是无论是课程设置、教学模式，还是教师素质、学生认知都与国外高校存在较大差距。高校应该从如下几个方面入手：首先，按照学生专业和年级的不同，设置相应的创新创业理论必修课和选修课。我们可以在大一、大二开设创新创业理论课程，在大三、大四开设创新创业指导课程。这样的课程设置不仅突破了专业的限制，还能够结合学生自身的专业背景提高他们的综合思维能力，使他们能够更加符合当代社会对人才的要求。其次，不断丰富理论课程的内容。在创新创业理论课程中融入思想政治教育，能够发挥思想政治教育的导向功能，培养学生的优良品质，帮助他们树立正确的创新创业意识。此外，在课程中还要加入一些创新创业的典型案例，让学生从这些案例中学到成功的经验和失败的教训，避免在创新创业的路上走弯路。如何丰富创新创业理论课程的内容需要教育者和受教育者在不断地探索中加以完善和充实。我们应该站在一个更高的角度去看待我们现有的理论知识，以一颗更加包容的心丰富创新创业课程的内容。

（二）创新创业专业课程

创新创业专业课程指的是将其他专业同创新创业结合起来，根据所设专业的不同配套相应地制订创新创业指导方案。这样做不仅充分地利用了有限的课堂资源，还拓展了专业学科的应用范围，使教学内容得以优化，培养了学生创新创业的品质和能力。一般情况下，我们可以把高校创新创业专业课程分为必修课和选修课，课程的主要内容包含市场营销、经济法、创新创业常识、创新创业心理学、创新创业技能。课程设置目的在于传授创新创业的相关知识和技能，培养适应社会需求的具有较高素质的创新创业人才。那么，怎样来科学合理地设置创新创业专业课程呢？高校应该从如下几个方面入手。首先，根据专业和年级的不同，开展有针对性的课程。由于学生的认知是随着年龄的增长而不断拓展的，在大一、大二年级比较适合开设基础课程，大三、大四随着学生专业知识的夯实以及参与一些社会实践活动，高校可以开设专业知识与创新创业实践指导相结合的课程。学生可以从自身专业的角度出发来理解创新创业所需要掌握的技能和能力，将它们运用到实践活动当中，不断强化自身的创新创业能力，为今后走上创新创业之路打下坚实的基础。其次，建立专业化的师资队伍。目前，高校创新创业教师队伍的建设面临一些实际问题，比如专业教师缺乏，没有清晰的定位，企业实践经验不足。创新创业教育本身需要任课教师具有很强的跨学科能力和较多的实践经验，一些教师是由其他专业或行政岗位转岗过来的，他们跨学科的能力亟待加强，很多教师也没有创新创业的经历。因此，高校要聘请一些有实践经验的创业者到学校任教，以充实创新创业教育教师队伍。

（三）创新创业实践课程

美国著名的教育家杜威（Dewey）是实践活动课程的开创者，他开办的芝加哥实验学校最早开设了实践课程。在创新创业指导课程体系中，实践课程与理论课程和专业课程充分地结合起来，以活动的形式向学生传授创新创业知识，培养他们的创新创业技能。通过师生之间的互动，教师能够比较客观和准确地把握学生对创新创业理论和专业知识的掌握程度。因此，对于高校创新创业指导课程体系而言，创新创业实践课程有着极其重要的作用，能够反映出学生创新创业的能力和综合素质。创新创业实践课程和创新创业指导理论课程与专业课程比起来，就像大学生创新创业指导的第二课堂。我国的高校应该充分借鉴国外高校设置创新创业实践课程的经验，将社会实践活动同课堂教学紧密地结合起来，通过开展实践活动向学生传授相关知识、渗透创新创业理念。与此同时，高校要积极地和企业建立创新创业基地或者利用企业现有的资源，使学生学到的理论知识尽快转化到创新创业的实践中去。

首先，高校要鼓励学生利用校园中的创新创业基地尝试开办自己的小企业。高校的创新创业孵化基地能够给有创新创业兴趣和能力的学生提供进行实践的平台。由于各自专业的不同、经历的不同、想法的不同，他们可以大胆地体验创新创业的每个环节。

其次，勤于交流成果和经验。高校不仅要给学生提供创新创业实践的平台，还要及时地对学生的实践过程进行检验并给出相应的指导。要提供更多的交流机会，通过讲座等形式，交流创业实践心得。

最后，教师在对创业实践课程进行期末考核的时候，可以以举办创新创业计划大赛的形式检验课程的效果。学生们可以根据自己参与实践活动的经历，按照自己的想法和兴趣来制作创新创业计划书。

四、大学生创新创业指导制度体系

（一）组织领导机制

目前，大部分的高校都针对学生创新创业设置了创业指导机构。从组织结构来看，就业指导中心是创业指导机构的上级，对其进行管理。各学院（系）将大学生创新创业的信息上传给就业指导中心进行统一的存档和整理。可见，大部分的高校没有对大学生创新创业的组织领导工作给予足够的重视，没有设置对大学生创新创业进行指导的组织领导机构。高校应该整合校内外丰富的创新创业资源，与企业开展合作，加强创新创业的组织领导工作，为构建完善的创新创业指导体系和提高大学生创新创业的成功率提供有效的组织保障。

首先，高校要明确大学生都有哪些方面的创新创业需求。大学生创新创业者有着和其他创新创业者不同的特点，他们创新创业的时间基本在大学期间和毕业后的两年，因此高校要负起责任及时地了解他们在创新创业的过程中都遇到了什么样的困难，有哪些亟须解决的问题，需要哪些帮助。这样，高校才能有针对性地指导大学生如何更好地创新创业。高校要组织教师和学生组成专业的调查队伍，走进大学生创办的公司，了解他们的经营情况，掌握第一手资料，通过对数据的汇总和分析，帮助大学生创新创业者找到解决问题的办法，帮助他们渡过难关。

其次，要进一步强化大学生创新创业指导工作的组织领导。高校的创新创业指导机构能够引领和推动大学生的创新创业工作，因此高校必须设置独立的大学生创新创业指导部门，从宏观层面对大学生的创新创业进行指导。高校可以联合多个部门，比如学生管理中心、后勤管理中心、就业指导中心，对大学生创新创业指导工作进行分工合作管理。另外，针对大学生在创新创业过程中所遇到的困难和问题，高校要设置由专职教师组成的大学生创新创业咨询中心，为有意向进行创新创业的大学生提供相关的咨询工作。高校要在校园内形成一张覆盖各个院（系）、行政部门的创新创业指导联系网，建立健全创新创业组织领导工作机制，为大学生创新创业提供有利条件。

最后，高校要以大学生创新创业指导实践课程为平台，建立校外创业组织领导机制。大学生创新创业指导实践课程的开设让学生有机会走出校园，与一些公司和企业进行对接，在这个过程中高校需要加强组织领导作用。为了更好地开展学生的创新创业实践活动，也为了更好地管理学生，高校的创新创业指导可以在公司和企业的支持下，设立校外创新创业服务机构，扩大管理的覆盖面。高校要根据学生实践活动的具体情况进行部署和协调，最大限度地保障大学生创新创业实践课程的顺利开展。

(二) 教学管理体系

培养全面发展的人是我国高等教学的重要任务。教学管理工作是完成这一重要任务的保障。教学管理涉及很多内容，比如课程设置、教学方案创新、教师队伍建设，各个环节之间相互影响、相互联系，一同组成高校教学管理体系。目前，一些高校并没有将学生创新创业管理纳入教学管理的范畴，即使纳入了教学管理的范畴，也存在定位不清的问题。因此，高校教学管理要针对大学生创新创业指导工作做出如下调整：

首先，加强教师队伍的管理。目前，担任大学生创新创业指导教学工作的一些教师的教学方法比较单一，和实际情况存在一定的脱节，尤其是一些教师根本没有创新创业的经验，他们灌输给学生的都是一些理论知识，与学生的实际需求存在着差距。因此，高校要建设一支有着一定创新创业经验的教师队伍，通过他们自身真实的经验和感受来指导大学生创新创业。在教学的过程中，教师可以采用模拟真实的创新创业场景、案例分析的教学方法，提高学生参与实践活动的热情，更加有效地进行教学管理。

其次，教学管理模式的改变。目前，高校按照学生的专业和院系对他们进行教学管理，这样做的弊端是制约了他们对专业以外的知识的获得。这种教学管理模式同样限制了高校对学生创新创业指导的教学工作。高等教育的目的并不在于培养出具有相同特点的人，而是要基于每个学生的优点，培养出具有创造性的人才。因此，在现有的学分制的基础上，高校的教学管理模式要勇于创新，尝试推行导师制。国外很多知名高校都推出了导师制，在教学管理方面取得了不错的效果。学生可以根据自己的兴趣选择导师，在导师的指导下进行各种实验、撰写论文，如此增进了师生之间的互动，导师能够及时地了解学生的学习情况和心理变化。

最后，教学管理理念要以学生为本，学生是教学管理的参与者。高校在进行教学管理的时候需要从学生的角度去思考采用什么样的教学方法激发他们的学习兴趣，掌握他们真正需要什么，同时借助思想政治教育的导向功能引导学生的行为。高校可以鼓励大学生创立创业社团、创业协会等以大学生为主体的学生组织，这不仅可以提高大学生的创业兴趣，更重要的是可以培养大学生组织协调、团结合作的能力。高校要不断地满足学生对知识渴求的欲望，不断提高他们自我管理的能力，创新管理模式。只有这样，高校才能真正地践行以学生为本的教学管理理念。

（三）激励考核机制

高校要鼓励大学生创新创业，从精神层面和物质层面给予他们必要的帮助，卸下他们的思想包袱。除了建立良好的组织领导机制和教学管理体系之外，高校还要在创新创业指导方面设立激励考核机制。目前，很多学生的生活费还是得依靠父母，没有创新创业资金，这成为他们创新创业路上的第一只"拦路虎"。高校设立创新创业激励考核机制可以首先从精神层面对学生给予支持，对在创新创业方面有突出表现的学生重点培养，在评优奖先方面优先考虑并适当照顾。其次，高校要给予一定的资金支持。高校要定期组织专家对创新创业作品进行审核，对于有发展前景、具有开创性的创新创业项目要给予物质奖励；对于积极参加各类创新创业大赛的学生要报销交通费，给予一定的补助；对于正在进行创新创业项目的学生，要及时了解他们的需求，并在政策、资金、技术上给予支持。基于精神层面和物质层面建立起来的激励考核机制能够最大限度地满足学生的现实需求，激发学生创新创业的积极性和主动性。

（四）资源整合机制

创新创业能力不可能依靠纯粹的创新创业理论知识的学习就可自动生成，它需要创新创业实践的验证和弥补才能逐渐走向成熟。由于资源整合能力等原因，目前高校的创新创业更多地停留在理论层面而非实践，这成为大学生创新创业实践能力培养和提升的瓶颈。要想打破这个瓶颈，高校必须建立创新创业组织领导机构，强化资源整合能力。

1.高校内部资源的整合

充分利用实验室（实训室）、实习实训基地，调动老师的积极性，结合专业课程、专业方向开展创新创业实践训练，提升学生创新创业素质与能力。加速推进"互联网＋创业"驱动模式，帮助和扶持一些相对成熟的创业项目及团队进行自主经营或自创公司。

2.政策资源的整合

政府是创业成功的助推器，通过统筹协调相关职能部门、高校、金融机构、创业园、媒体等资源，形成资源丰富、触角广、网络大的联结机制，扩大、拓展大学生创新创业工作的服务模式与组织平台。

3.社会资源的整合

当前高校、大学创业园、创业培训机构、风险投资机构、校友联合会、创业者协会等各种资源大都处于分散或独立状态，没有形成一个协同联动系统。特别是大学创业园，整合了孵化器管理专家、企业家、风险投资专家、科研人员以及高校创新创业教育师资队伍，他们丰富的创新创业实践经验，对培养学生的创业认知，激发学生的创业动力，产生重要的、决定性影响。

五、大学生创新创业指导保障体系

（一）思想保障

在全民创新创业的浪潮下，高校应该树立知识、精神、能力整体和谐发展的教育观，这就要求用马克思主义生产力理论、马克思主义实践观、人的全面发展观和思想政治教育的德育理论来武装大学生的思想，用正确的思想观念引导他们创新创业，将正确的思想观念融入创新创业的实践中，克服创新创业过程中遇到的各种困难，树立正确的创业观。首先，加强马克思主义实践观教育，培养学生正确的创业观。学生创新创业指导理论离不开实践活动。要想全面、系统、准确地把握创新创业指导体系的内涵,只关注这个体系的自身是不够的,还要理解它的客观价值事实。因此,我们必须回到现实,从实践中去体会、去理解。坚持向实践学习、向人民群众学习的思想观念。只有通过实践,我们才能不断地提高能力、增长才干。加强马克思主义实践观教育,让学生实现从自发到自觉、从思考到行动的转变和升华。在实践观教育过程中,学生树立起正确的创业观。其次,坚持人的全面发展理论,培养学生的创新创业精神。在创新创业实践的过程中,学生应该积极地发挥自主性、开创性,要开拓思维,参与各种创新创业活动,不论是一个新奇的点子,还是开办一家公司,或是开拓一个新的领域,都可以包含在创新创业指导的范畴里。高校在加强学生文化素质教育的同时,要有意识地培养他们的个性发展、主体意识、创造能力,要突出培养他们的创新精神和创新能力。高校要围绕着学生创新精神、创新能力的培养展开教学活动,使学生成为具有广阔的视野、创业思想、创业魄力的创业型人才。最后,注重德育理论教育,以科学的育人体系指导创新创业实践。在具体的创新创业指导实践的过程中,高校应该坚持以思想道德教育为首,培养学生优质的创业品质,帮助他们树立正确的世界观、人生观、价值观,提高学生的心理素质,使他们树立全面发展、服务社会的价值观,为社会培养有理想、有道德的创业者。

(二)政策保障

当今社会对大学生创新创业给予了越来越多的关注,国家层面和各级政府也相继出台了很多利好政策,为大学生创新创业保驾护航。笔者对近年来我国在大学生创新创业方面出台的各项政策进行了梳理,主要分为以下几类:第一类,精简注册申请程序;第二类,提供小额贷款;第三类,减免行政性费用;第四类,免费保管人事档案;第五类,享受更多公共服务。在创业环境和贷款这两个方面扶持大学生,不断扩大政策的覆盖面,尽可能让每个大学生创新创业者都能够享受到政策红利。从国外比较成功的创新创业政策中我们能够看出,大学生创新创业政策体系的建立除了科学的创业政策理论以外,创新创业过程中的各个要素和各个阶段也要给予必要的关注。创新创业政策在科学、合理的理论的指导下,能够保持连续性和完整性。政府部门要根据每个创业企业所处的阶段的不同,并结合创新创业意识、品质、能力、技能等要素,制定相应的扶持政策,为大学生参与创新创业活动提供保障。因此,我国应从以下三个方面制定政策保障大学生创新创业。

首先,在创新创业指导体系中加大创新创业政策的宣传力度。从大学生接触创新创业指导目标体系的那一刻起，高校就要向他们宣传国家的创新创业政策。在他们进入创新创业能力和技能的培育过程中，高校也要不断地向他们宣传国家的创新创业政策，使学生充分理解国家的创新创业政策，感知社会创新创业的大背景，不断建立创新创业的信心。学生在学习创新创业课程的过程中就了解了国家的创新创业扶持政策，避免今后在实践活动中出现盲点。因此，高校应该通过多种渠道向大学生宣传国家的创新创业扶持政策，以提高他们对政策的知晓程度。

其次，提高创新创业政策的服务功能。国家之所以要出台大学生创新创业扶持政策，其根本原因就是要从资金、技术等方面给予大学生支持，为他们提供一个良好的创新创业环境，因此，大学生创新创业政策自身具有服务功能。但是，有的创新创业政策过于笼统、可操作性不强，从而影响了某些政策的效力。政府应该从服务大学生的角度出发，提高创新创业政策的时效性，让更多的具有创新创业潜质的大学生享受到实实在在的政策红利。

最后，各级政府要加大力度监督创新创业政策的落实情况。任何一项创新创业政策只有落到实处，才能发挥它的作用。因此，各级政府要监督好政策的落实情况，为大学生创新创业提供实际支持，学校应当根据国家及政府的政策，结合实际条件积极落实相关政策，同时做到信息的公开和透明，做好资金等配套工作，让制度和保障与大学生创业之路同行。

（三）师资保障

要想真正落实大学生创新创业指导目标和课程体系，高校创新创业指导师资队伍建设有很关键的作用。一支好的创新创业指导师资队伍能够保障创新创业指导的有效性。从创新创业指导目标和课程体系的分类来看，高校创新创业指导应该由两部分组成，即理论和实践。由于我国高校创新创业指导课程起步较晚，大部分的任课教师由辅导员和就业指导中心的教师担当，他们中的很多人都没有创新创业经验，所以在指导学生进行创新创业的时候更偏重理论讲授。面对这种现状，高校要加强创新创业指导教师队伍的建设，同时要借鉴国外的成功经验，将一些有着创新创业经验的创业者和企业家充实到教师队伍当中。只有这样才能够组建一支专业化的创新创业指导教师队伍，确保大学生创新创业指导课程体系的教学质量。

首先，培养专业的创新创业师资队伍。高校可以通过开展定期或不定期的理论培训、业务培训、实践培训，强化任课教师的专业素养，也可以鼓励任课教师参与高校创业孵化项目，不断地积累实践经验，改变目前以理论讲解为主的教学方式。当然，有条件的高校还可以与公司或企业合作，派遣个人能力强、思维活跃的教师到公司或企业去，将理论知识与实践结合起来，参与创新创业项目的各个阶段，真正地体会创新创业所需要的各种素质和能力，从而不断强化创新创业师资队伍的建设。

其次，高校要积极引进具有创新创业经验的高素质人才充实到创新创业指导师资的队伍中。高校要想开好创新创业指导课程，达到创新创业指导目标，优化教师队伍的结构是急需解决的问题。高校可通过创新创业经验交流会，邀请经验丰富的企业人才到高校担任创新创业实践课的指导教师，根据学生的专业特点，指导他们设计创业计划书并参与多种多样的实践活动，培养他们的创新创业能力。

（四）环境保障

环境对于一个人的成长尤为关键。在新时代背景下，形成大学生投身于创业、社会支持创业、政府鼓励创业的良好环境制度保障，以期培养更多优秀的创新创业人员。在环境制度保障创建过程中，需要做好以下几个方面的工作：第一，政府应出台与大学生创新创业相关的政策作为支持，如贷款贴息、贷款担保、房租补贴等，以此来激发大学生创新创业的热情。第二，社会应加强对大学生创新创业理念的宣传，并组织相关创业大赛。例如，广东省的创业园、创新创业大赛、创业联盟等。第三，各大高校应多在校报、宣传栏中对创业成功典范和"双创"理念进行宣传，在全校营造良好的创新创业环境。

（五）资金保障

在大学生创新创业中，资金是一大难题，因此构建资金制度保障就显得尤为关键。对于资金制度保障而言，需要从以下几个方面进行：第一，政府要实行场地扶持、融资政策、小额贴息贷款、税收减免等制度保障。第二，高校可以引导和鼓励校友组建创业基金，这样既可以为大学生创新创业提供小金额贷款，而且还可以协助大学生申请国家项目资金，以确保大学生创新创业活动的顺利进行。第三，鼓励社会企业家为大学生创新创业提供资金支持，作为银行机构可以减少创业贷款利息。第四，对现有的资金保障制度进行补充和完善，不断提高自身创新创业理念。总之，唯有政府、高校、社会和创业者共同努力，才可以充分发挥资金制度保障的优势，进而为大学生创新创业的顺利进行奠定良好基础。

(六) 实践平台保障

与其他专业课程比起来，大学生创新创业指导课程有着很强的实践性。相对于国外高校比较成熟的创新创业指导实践而言，我国高校在这方面还是比较薄弱的。大学生的创新创业能力、技能需要经过创新创业实践加以磨炼，这样才能够把他们的创新创业意识、品质激发出来。那么怎样提高我国高校创新创业实践的层次呢？解决问题的关键在于尽早建设大学生创新创业实践平台。创业实践平台，是高校创业理论教学连接实践的载体，也是大学生与社会接触的媒介。那么，高校应该怎样建立大学生创新创业实践平台呢？不妨从以下几个方面入手。

首先，基于创新创业基金，开展丰富多样的实践活动。高校通过设立创新创业基金可以有效地解决大学生在创新创业方面遇到的资金问题。除了高校自筹资金以外，也可以联系校友会和企业共同设立创新创业基金。有了资金的支持，高校便能够给学生提供内容丰富、形式多样的实践活动了。高校可以举办创新创业计划书设计大赛，提供创新创业相关政策和流程的咨询与指导，定期组织创新创业经验分享交流会，共同解决学生在实践活动中遇到的问题并分享心得；举办创新创业知识讲座，在夯实学生创新创业理论基础的同时，指导他们如何运营企业；举办创新创业项目模拟大赛，综合考查学生的创新创业能力和技能。

其次，高校要建立创新创业实践基地。高校建立创新创业实践基地的目的在于给大学生提供创新创业的场地，使其将所学到的创新创业理论运用到实践中去，在开阔他们眼界的同时，激发他们的创新创业意识和创新创业热情，整体提高他们的创新创业素质。高校创新创业实践基地的形式比较多样，比如科技创业园、企业孵化基地。

最后，加大校企合作的力度，提高大学生对社会的认知度。加大高校和企业合作的力度，可以使学生有机会走进企业，了解企业是如何进行生产和管理的。借助这一实践平台，可培养学生的团队意识，可锻炼他们的创新创业技能。企业可以为学生提供短期的实习机会。在企业实习期间，学生们不仅可以接受企业为他们量身定制的培训活动，也可以和企业的技术人员和管理人员展开交流与讨论。通过校企合作的方式，学生创新创业的实践能力可以得到提升。

(七) 服务保障

大学生创新创业工作本来就极具挑战性。大学生在创新创业的道路上经常会遇到资金、技术、管理等方面的困难。那么，我们应该如何来解决大学生创新创业道路上的这些困难？在此，我们需要借助由政府、高校、社会共同参与的"三元结构运行模式"来构建大学生创新创业服务保障体系。

首先，要发挥好政府的协调和指导作用。从国家层面建立大学生创新创业协调机制，统筹安排各种资源，形成信息的互联互通，实现数据的共享，最大限度地发挥政策的普惠性和直达性。与此同时，各级政府要为大学生创新创业提供一条龙服务，比如实践培训、法律咨询、项目计划、心理辅导、基地平台，及时、准确地把握大学生创新创业的实际情况和迫切需求，以提供精准、有效的支持和服务。

其次，高校要为大学生创新创业提供服务。一方面，要加强创新创业研究工作，借鉴国内外大学生创新创业的成功经验，总结失败教训，在此基础上得出大学生创新创业的启示，为今后的大学生创新创业教学和管理工作提供服务。另一方面，高校是在校大学生创新创业实践的主要阵地，他们的创新创业智慧在这里萌芽，除了为学生提供良好的创新创业环境以外，高校还要为他们提供技术支持。

最后，社会组织和企业要顺应时代潮流，为大学生提供更多的创新创业机会。

六、大学生创新创业评价体系

政府、社会、高校、企业、大学生自身是构成大学生创新创业指导评价体系的主体。这五个主体通过各自的智能、角色的交叉协调形成了一个立体、互动的良性循环系统，从客观的角度对大学生创新创业教育做出评价，有利于提高创新创业指导的有效性。

（一）政府的宏观评价

政府在大学生创新创业指导体系过程中发挥着宏观调控的作用。政府制定各项优惠政策并建立保障机制，因此成为评价大学生创新创业指导效果实施情况的主体之一。政府需要站在更高的层面对创新创业指导体系做出全面、整体的评估，主要包括：创新创业指导保障范围是否全面，管理政策是否落实到位，创业指导评价体系是否能够提高大学生创新创业的整体素质，等等。

（二）社会的客观评价

除了具备一定的创新创业理论之外，大学生的创新创业实践能力和社会适应能力也是衡量他们创新创业综合素质和能力的重要指标。这两种能力需要大学生在接触社会的过程中慢慢培养的。一名合格的创新创业者要具有创新意识，敢于打破常规，具有较强的抗挫折、抗压力能力，经得起各种社会上的考验。因此，我们应该从社会的角度对大学生创新创业综合能力的高低做出客观的评价。

（三）企业的客观评价

人才培养的质量如何直接反映了创新创业指导是否有效。企业是大学毕业生主要的接收者，因此有权对创新创业指导效果做出评价。培养出尽可能多的高技能、高素质人才是高校创新创业指导的终极目标。大学毕业生主要的就业方向是企业，因此企业要制定创新创业指导评价标准，对大学生进入企业后的实习期、试用期、正式聘用期的各项能力做出评价。高校则依据企业反馈回来的创新创业指导效果的评价数据对创新创业指导课程体系加以改进和完善。经过这样的"一来一回"，高校能为企业输送更多的具有高技能、高素质的创业人才。

（四）高校的全面评价

作为创新创业指导的组织者和实施者，高校全程参与了大学生在校期间的创新创业指导工作，完成了培养和输出创新创业人才的重任，因此高校有权对创新创业指导做出全面的评价。高校对大学生创新创业指导效果进行评价的时候，可以借鉴毕业生就业质量效果评价，引入第三方评级机构展开全面的调查，也可以采取现场访谈的形式，快捷高效地收集各类数据。

（五）大学生的主观评价

作为创新创业指导内容的接受者，大学生所做出的评价更为直观，也更具主观色彩。他们是创新创业指导的亲历者，能够真实地反映出指导的效果。因此，大学生在不同的创新创业指导阶段会给出不同的评价。对于正在接受创新创业指导的大学生来说，他们通常会从创新创业指导的内容、方式等方面对创新创业指导的效果做出评价；对于接受过创新创业指导的大学生来说，他们通常从获取的知识、技能，以及参与的实践活动是否能够满足自身需求的角度来评价创新创业指导的效果。虽然两个阶段的评价数据来自不同的维度，一个是对现在，一个是对过去，但是它们在评价创新创业指导的效果上的重要性是一样的。

第三节　高校大学生创新创业意识培养

一、创新创业意识的相关概念界定

（一）内涵

创新创业意识，从词语的组成上看，分为创新创业、意识两大部分，而从理解词语的关键核心上看，意识是这个组合词语的核心。意识，从马克思主义哲学的视角看，是客观世界在人脑中主观的反映，其本质是人的大脑对于眼睛所见、耳朵所听、大脑所想的综合反映所形成的认识集合。

创新创业意识是创新创业实践者自身寻求提升的内在需求。正是因为创新创业者在创新创业实践者寻求自身能力和知识的不断革新和创造，内心的内在需要在不断提升，对于外界知识和事物不断吸收其精华和营养，从而破除自身的糟粕与不足，获取自身内在能力的提升，个体不断发现新事物，探索新领域，寻求新方法，为创新创业意识的产生创造了可能，为创新创业实践的成功提供了内生动力。

（二）创新创业意识的特征

1. 创造性

创新创业意识究其根本在于其调动创新创业者充分发挥其自身的主观能动性，为创新创业实践提供动能。马克思就曾说"正是在改造对象世界中，人才真正地证明自己是类存在物，这种生产是人的能动的类生活"[1]。创新创业实践就是人区别于动物的实践活动的表现形式，具有自身的创造性特征，具备认识世界、改造世界的创造能动性内涵。

2. 创新性

创新创业意识是对传统事物、传统观念的突破，冲出传统世俗观念和旧制度的束缚，树立新的理念和思想的意识形态。创新创业的实践逐渐升华为意识领域，其创新创业具备了自主独立、灵活多变、改革创新等特点，通过创新创业者大脑内在思维和心理的思考，创新创业意识得以形成，但与此同时其意识受到一定价值观和行为的影响和制约。

---

[1] 马克思，恩格斯.马克思恩格斯全集（第3卷）[M].北京：人民出版社，2002.

3. 实践性

创新创业意识来源于创新创业实践，其具有实践的操作性，创新创业者正是根据自身的创新创业思想意向，能力水平，结合其所处的实际创新创业环境和拥有的社会资源关系，来进行创新创业实践，而这一切来源于具体实践，又高于具体实践，正是在这种情况下，创新创业理想蓝图不断萌芽、膨胀，逐渐形成创新创业意识培育的开端。

二、大学生创新创业意识培养的重要内容

（一）构建以理想信念培养为前提的创新创业意识培养

创新创业意识同理想信念结合起来既能够帮助学生树立建设中国特色社会主义的理想信念，从而实现中华民族伟大复兴的中国梦，又可以激发他们的学习力和创造力。高校思想政治教育可以增强学生创新创业的信心，培养他们的社会责任感，为祖国的繁荣昌盛贡献自己的一分力量。作为高校思想政治教育的一个重要的组成部分，理想信念教育可以帮助学生确立奋斗目标、树立正确的人生理想。理想信念教育主要由四个元素组成，即人生理想、道德理想、职业理想、社会理想。大学生进行创新创业，是在学校接受教育深思熟虑后做的决定，既有理性，又有热情。从大学生这一群体的本质上来看，他们敢于提出问题，具有冒险主义精神，质疑传统，勇于大胆想象，在创新创业氛围的不断熏陶之下，高校将会重点培养学生的创新创业精神和意识，激发他们创新创业的热情和增强他们创新创业的信心，为他们提供创新创业的机会。如果有学生在创新创业的过程中遇到困难和挫折就停滞不前、不知所措，那么他们失去的不仅仅是创新创业的主动权，甚至是人生理想和美好的未来，他们的人生观和价值观将变得越来越消极。因此，在大学生创新创业指导工作中融入理想信念教育，能够提升学生的思想素质，使他们拥有更加敏捷的思维，紧紧把握住时代精神，激发他们创新创业的意识与热情，树立信心，为最终走上创新创业之路做好充足的准备。

（二）构建以自我意识培养为基础的创新创业意识培养

近年来，我国的综合实力不断增强，人们就业的渠道也越来越广泛。在这样的背景下，国家提出支持大学生创新创业，许多大学生响应国家政策走上了创新创业之路，并赚到了人生的第一桶金。因此，对于大学生来说，具有创新创业所需的精神力量和自我意识是极其重要的。那么自我意识指的是什么呢？首先是自

我认知。因此，也要清楚自己的条件和能力。创新创业需要的个人条件、专业技能。因此，其次是对自己做出客观的评价。大学生要客观地评价自己是否具有创新创业的潜质和创新创业的条件。最后是不断地提升自我和关注自身的成长。当自己存在不足的时候，要努力提升自我，通过不断学习和历练提升创新创业素质。目前，很多大学生存在跟风的心理，认为创新创业是一件很时髦的事，殊不知创新创业极具挑战性。他们对创新创业了解得还不够全面，不清楚创新创业者都应该具备哪些素质。此外，他们对自己了解得也不够清楚，如自己喜欢什么、特长是什么、有什么样的能力。这些都阻碍了大学生创新创业素质的提升，阻碍了创新创业潜质的挖掘。在培养大学生创新创业意识的过程中，高校要结合思想政治教育课提高大学生的自我认知水平、增强大学生自我意识，使大学生群体成为我国创新创业的主力军。大学生在创新创业的过程中，要通过不断实践来挖掘自身的创新创业潜能，不断地提升自身的创新创业素质，以实现创新创业的理想。

（三）建立以意志品质培养为核心的创新创业意识培养体系

创新创业并不是很多人想象得那么容易、一帆风顺，它需要事先做好计划和安排，运营的过程中还会遇到很多风险、困难、挫折，甚至是一次又一次的失败。只有具备良好的意志品质，才能够支撑创新创业者从困难、挫折，甚至是失败中走出来，坚持自己的理想，并最终走向成功。大学生还没有步入社会，没有丰富的经验和阅历，一旦在创新创业的过程中遇到了困难和挫折，便会有为难情绪，开始怀疑自己的能力，打退堂鼓，逃避拖延，甚至有的产生了投机心理，不去积极地想办法解决难题，反而消极应对，这大大影响了创新创业活动的正常开展。当意识、能力、资金等条件相同的时候，为什么有的人成功了，有的人却失败了呢？归根到底还是意志品质对个人的影响。坚强的意志和良好的品质是一名成功的创新创业者必须具备的素质。有了它们，才能够在创新创业的道路上披荆斩棘、奋勇向前，不断磨炼自己的意志，坚定信念，最终获得成功。强大的意志力和顽强的精神能够帮助我们战胜创新创业路上的千难万阻，实现创新创业梦想，收获人生宝贵的经验。大学生在日常的学习和生活中经常会遇到一些心理问题，高校思想政治教育课程体系能够及时缓解他们的心理压力，排解他们的忧愁，培养他们适应环境的能力，完善他们的人格，教会他们如何保持乐观向上的心态、积极健康地面对生活，同时使他们学会自我调节。心理健康教育有着广泛的覆盖面，教学内容也十分丰富。介绍成功人士和他们创新创业的案例可以培养大学生良好的意志品质。将心理健康教育和创新创业教育融入高校思想政治教育课程体系，既调整了大学生的创新创业心态，又培养了他们不怕困难、勇于面对挫折的优秀品质，为创新创业打下坚实的心理基础。良好的创业心理品质主要有勇敢自信、独立思考、选择判断、积极行动、交流合作、敢于拼搏，能在创新创业实践活动中起调节作用，使创新创业者以最佳的状态去面对困难和挫折，以百折不挠的精神意志为桨，朝着追寻理想的方向不断前进，更快地到达成功的彼岸。

三、创新创业意识培养的意义

（一）国家大众创业、万众创新战略落实的需要

2015年国务院发布的《关于大力推进大众创业万众创新若干政策措施的意见》中指出，推进大众创业、万众创新，就是要通过加强全社会以创新为核心的创业教育，弘扬"敢为人先、追求创新、百折不挠"的创业精神，厚植创新文化，不断增强创业创新意识，使创业创新成为全社会共同的价值追求和行为习惯。[①] 高校大学生作为创新创业的主体、社会发展和人才队伍的后备力量，投身创业行列中，无疑会壮大创新创业队伍，创造更多的就业机会，带动经济的发展，增添经济发展的新动力和新活力，更好地推动"双创"战略落地落实。因此，转变大学生的思想观念，让其自觉投身到创新创业实践当中，对于落实"双创"战略至关重要。

（二）高校人才培养模式改革的需要

深化高校创新创业教育改革，是国家实施创新驱动发展战略、促进经济提质增效升级的迫切需要，也是推进高等教育综合改革、促进高校毕业生更高质量创业就业的重要举措。创新创业意识的培育能够帮助大学生树立正确的就业观，发挥他们的主观能动性，发掘内在潜能，提高创新创业素质。加强大学生创新创业意识的培育是高校人才培养模式改革的内在动力。

（三）大学生全面成才的需要

大学生自觉进行创新创业源于对创新创业的深刻认识与了解，源于对创新创业的正确评价以及自身创新创业知识和修养。一般来讲，当大学生能理性认识到

---

① 国务院办公厅关于深化高等学校创新创业教育改革的实施意见 [EB/OL].（2015-05-13）[2016-11-24]，http：//www.gov.cn/zhengce/content/2015—05/13/content9740.htm.

创新创业对现代社会发展的重要性和必要性，认识到创新创业与其自身成才的密切关系时，才会积极发挥主观能动性，从个人的内在需求出发让创新创业服务于自身的发展。当今世界，各国之间的竞争归根到底是人才的竞争。时代在进步，经济在发展，对人才提出更高要求。大学生作为储备人才，应该顺应时代发展变化，不断提升自身的素养和能力。

进行创新创业意识的培育，第一，可以帮助大学生理性看待创新创业，形成理性的创新创业认知，使大学生转变对于创新创业的看法与态度，增强对自我创新创业素质的认知，帮助他们更加了解自己，促进自我成长，当然这不是一味鼓励所有大学生都去创业，应该让学生看到创新创业的潜在风险，看清自身、看清现实、学会思考，拥有正确面对创业无论成功还是失败的心理素质，这对于大学生今后的发展至关重要。第二，帮助大学生正确看待自身价值，促进其全面成才。大学生作为社会发展的人才后备力量，担负着重大的历史使命，肩负着国家的未来，这就要求大学生不断提升自己各方面的素质，全面提高自身的能力，实现自身价值。

四、大学生创新创业意识培养现状分析

（一）课程体系建设不合理

良好的教学质量离不开科学合理的教学体系。高校积极开展创新创业教育，在创业知识等方面取得了一定成就，但在创业教育中创业意识的培养处于边缘化位置，创业意识是创业教育的起始点，但目前大多数高校径直略过创业意识的培养，直接传授创业知识，或是更加错误地认为创业意识仅仅依靠学生"悟"，对创业意识的激发未曾付出努力。此外，高校的创新创业课程体系未能根据企业的需求及时进行调整，出现产学错位的现象。

（二）大学生就业观念传统

在我国，受到传统就业模式的影响，大多数毕业生会选择就业、出国、考研这三个方向作为自己的出路，创业通常被看作是"不得已而为之"的"退路"，乃至"歧途"。随着时代的发展，这种意识逐渐淡出，大学生逐渐接触并接受了部分理念，但创业仍不被大多数毕业生考虑在职业选择范围内。此外，家长对"创业"这一选择颇有微词，大多数家长希望子女在毕业后找一份稳定体面、收入较

高的工作，甚至认为进行创业是"不务正业"。由此可见，大学生的就业观念是传统的，创业意识是欠缺的，在创业这一活动中，大学生缺乏的或许不是扎实的创业知识，不是娴熟的创业技能，而是缺乏勇于迈向创业这一选择的勇气。众所周知，创业教育追求的总体目标是培养个人的创业意识，让学生接纳自主创业是一种可行的职业选择这一理念。即使没有进行创业活动，这种思维的改变对于即将踏入社会走上工作岗位的学生来讲也将是一笔难能可贵的财富。

（三）创新创业氛围不够浓厚

当前，社会对大学生创新创业能力培养方面投入的力量日益增加，但从整体上看，尚未形成浓厚的全民创业的氛围。在政策支持层面，中央及地方政府陆续出台了很多优惠政策，但在具体实施过程中还存在着政策支持力度不足和辐射面不广的问题；在高校具体实施层面，很多高校创新创业教育人力、资金、平台等方面的投入不足，高校开展的创新创业教育不够深入，创新创业园、创新孵化园等建设比较滞后，尚未形成良好的校园创业环境；校企合作层面，存在合作程度低、不能满足大学生创业意识培养的实际需求等问题。

（四）高校对创业意识引导不明确

大学生对于创业意识相关概念的认知大多是来自于相关课程的学习，或者是来自于校园氛围的整体引导，大学生通过自主学习来明确创业意识所涉及具体内容的状况相对较少，因此，高校开设的创业教育课程对大学生创业意识概念界定在一定程度上起到了决定性的作用。目前我国高校开展创新创业教育的对象主要集中在大一、大二的学生身上，而大三、大四的学生往往面临着升学以及就业的压力，从时间以及精力上来看，其参与创新创业教育活动的可能性较小。然而，对于大一、大二的学生来说，他们刚刚迈入校园，虽说一定程度上为高校发展注入了新鲜血液，但更大的问题是他们对太多事情都缺乏了解，所以很多时候不能做出果断地抉择。有学者指出目前仍有将近半数的学生认为创业就是单纯的创办企业，说明仍有部分大学生对于创业意识认知存在偏差。大学生对于创业相关具体概念的认知仍不清晰。虽然多数高校已经积极地开设了创业课程，但是大学生对于创业概念的认知仍处于自我理解的状态，并未形成科学且系统的知识体系。

五、大学生创新创业意识培养的对策

（一）加强理想信念教育，引导大学生树立创新创业目标

1. 加强实践教育

高校除了在课堂上对学生进行理想信念教育以外，还可以通过实践活动来展开理想信念教育。高校可以通过丰富的实践教育来激发学生的创业热情，帮助他们树立远大的创业理想。高校应该定期组织学生参观爱国主义教育基地，让他们认识到是无数先辈的无悔付出才有了我们今天日益强大的祖国，这种自强不息的民族精神将代代相传，我们将坚定不移地加快改革创新，实现全面建成小康社会的目标，集中力量进行社会主义现代化建设，从而实现中华民族伟大复兴的中国梦。一些高校还可以与企业取得联系，让学生走进企业，了解新技术、新方法给企业带来的发展动力，切实感受创新创业产生的社会价值。高校还要为学生和创新创业者搭建沟通交流的平台，让学生了解创新创业的全过程，帮助他们树立创新创业目标。

2. 营造双创氛围

高校通过各种渠道宣传创新创业的相关政策，在校园里营造良好的创新创业氛围。高校要定期组织各类创新创业竞赛，并通过校园电视台、广播、校园网、微信群等方式向学生进行宣传，让他们能够抓住每个提升自我创新创业能力和技能的机会，积极主动地参与其中，感受什么是创新创业。另外，高校要树立创新创业典范，对他们的创新创业项目和心路历程进行推介和报道，借助榜样的带动作用对广大学生进行创新创业的启蒙教育，激发学生的创新创业精神和意识，形成崇尚创新创业之风。除了利用传统的宣传手段以外，高校还要借助新媒体，多角度、立体化地宣传创新创业。随着 5G 时代的到来，手机移动端成为人们接受信息的不二之选。大学生思维活跃，喜欢使用音视频类社交软件。高校可以利用抖音等音视频类播放软件制作与创新创业知识相关的小视频，学生在轻轻滑动手机屏幕的短短几分钟内就能了解创新创业的那些小知识，没有了课堂上的一字一板，学生接受起来也更容易。此外，高校还可以为正在创新创业路上或已经成功创新创业的学生制作小视频，让他们讲讲创新创业感悟和心得。近年来，直播成为年轻人学习和交流的另一个新方式。利用快手、抖音账号，高校可以请来企业家和创新创业大学生进行直播，用他们的真实经历来宣传创新创业，并和学生们进行网上交流，解决他们存在的问题和困惑。这些新奇有趣、贴近大学生的宣传

方式一定能够调动起他们参与创新创业的积极性，在榜样的带动下，他们将携手共进，在创新创业的道路上阔步向前。

（二）加强政策教育，激发大学生创新创业热情

1. 加强政策宣传

近年来，我国为了促进大学生创新创业出台了一系列的扶持政策，各地方政府也出台了一些配套政策，从贷款、技术、税收等方面鼓励和支持大学生创新创业，减轻他们的负担。例如，国务院办公厅发出通知，规定凡高校毕业生从事个体经营的，除国家限制的行业外，自工商部门批准其经营之日起 1 年内免交登记类和管理类的各项行政事业性收费。对符合条件的大学生自主创业的，可在创业地按规定申请创业担保贷款，贷款额度为 10 万元。对大学生在毕业学年内参加创业培训的，根据其获得创业培训合格证书或就业、创业情况，按规定给予培训补贴。毕业两年以内的普通高校学生从事个体经营，3 年内免收管理类、登记类和证照类等有关行政事业性收费。各地方政府也相继出台了多项支持大学生创新创业的举措。例如，上海为大学生创业提供"天使基金"，大学生开办企业可获 5 万—30 万元支持，即使奋斗失败也无须赔偿损失；江西规定，高校学生如果申请休学创业，最多可保留 7 年学籍，地方财政每年投入 1000 万元支持青年创业，并重点支持 1000 名大学生返乡创业；杭州规定，大学生如果需要创业，最多可以申请到 20 万元无偿资助，并且为大学生在大学生创业园提供 2 年 50 平方米的免费用房等等。

2. 推进协同育人

高校创新创业人才的培养必须同社会和市场的需求相适应。高校在培养人才的时候要敞开大门，积极地与政府和社会进行对接，准确地分析政策和形势走向，根据用人市场的需求培养创新创业人才。高校可以请来政府工作人员和企业用工人员以论坛的形式为学生解读创新创业政策和资讯，学生也可以就自己关心的问题和他们展开互动。高校也可以组织学生去企业进行实习和考察，让他们了解当前企业的发展形势，以及政府政策的落实情况。与此同时，专业课教师也要配合创新创业教师共同培养学生的创新创业意识，可以在专业课上为学生分析本专业未来的发展前景，激发他们创新创业的热情，树立创新创业目标。通过高校、政府、企业，创新创业教师、专业教师之间的协同，构建交叉、多样的人才培养机制，如此，一定能够提高大学生创新创业的意识。

（三）加强网络素养教育，引导大学生正确运用互联网平台

互联网最大的特点就是，具有非常强大的信息兼容性，无论大学生身处何地，互相之间有多远的距离，只要通过互联网，就能够在短时间内取得密切联系。这对于当代大学生创新创业意识的培养，以及将自身的创新创业想法投入到实际行动当中，是具有非常积极的影响的。比如说，学校在进行教育活动的时候，可以营造创新创业的环境和氛围，积极鼓励大学生投入到创新创业的活动当中。另外，还可以以学校为依托，构建相应的大学生创新创业交流互助平台，大学生一旦产生了创新创业的新想法，就能够在这样的平台之上寻找志同道合的朋友，这些志同道合的人相互结合起来，最终就能够形成一个强大的创新创业队伍。另外，这些来自不同地区，不同学校，拥有不同经济能力的学生，在将创新创业想法付诸实际行动的时候，也能够进行经验方面的交流和分享，以及资金方面的互相扶持。总而言之，很多大学生并不是缺乏创新创业的意识，只是这种创新创业意识的转化率较低，在很大程度上都是由于这些大学生缺乏专业稳定的团队指导，在大学生想要把这种意识转化为实际行动的时候，因为感到孤立无援，又缺乏资金支持，所以会觉得迷失方向，不知道从何下手。最终，导致大学生的创新创业想法被一度搁置。学校在开展教学活动的时候，就要为大学生构建创新创业交流互助平台，形成校与校之间、学校与社会之间等多个主体的联动作用，为大学生创新创业意识的转化提供积极的引导和借鉴平台。

（四）加强职业生涯规划教育，提升大学生自我认知水平

1. 改进培养方案

什么是职业生涯规划呢？职业生涯规划指的是通过对个人主客观条件如兴趣、特长、能力和时代环境等进行测定、分析，总结出适合的行业倾向及职业目标，并为实现这一科学目标，对其自身的职业生涯乃至人生进行系统计划的过程。大学生职业生涯规划，对大学生而言，就是在自己兴趣、爱好的前提下及认真分析个人性格特征的基础上，结合自己专业特长和知识结构，对将来从事工作所做的方向性的方案。大学生在走向社会前，将现实环境和长远规划相结合，给自己的生涯一个清晰的定位。高校应该根据大学生创新创业的现状适时地改进职业生涯规划培养方案，利用科学的测评体系让学生清楚地了解自己的创新创业水平，以便展开差异化教学，根据学生自身的兴趣和特点引导他们选择创新创业的方向，挖掘他们的创业潜能，发挥自身优势，补足自身短板，不断增强创新创业的能力和技能。

另外，高校开展大学生创业能力培养教育工作，需要依据完善、健全的教育工作体系，为教育工作提供指导和方向引导，更好地规范各项教育工作行为及制度的落实，为高校大学生创业能力的提升提供基础性保障。

在大学生创业能力培养教学方案设计中以职业生涯规划作为重要理论依据，并加强执行环节的管理，确保教育效果。在高校开展大学生创业能力方面的培养工作中，通过渗透相关的职业生涯规划理念，可以更好地帮助学生确定未来职业定位、发展方向，结合自身特点实施具体方案的设计以及相关提升策略的制定，可以从理论可行性与实践能力提升两方面提高大学生自身的创业能力。同时高校可以依据上述内容，制定和调整大学生创业能力培养相关教育课程和内容，为大学生实现良好创业发展提供教育资源。

2. 用好测评系统

借助专业的生涯规划机构和测评系统，大学生可以从潜能、人格、兴趣测验等维度进行自我评估，选定发展方向，确定发展目标，设计自己的生涯规划，并制订计划，按照计划一步一步地实施，对执行的情况做出评估和反馈。通过测评系统，学生对自己的能力水平有了一个清晰的认识，知道自己欠缺什么，以便抓紧在校时间不断完善和提升自我，减少创新创业路上的绊脚石，向自己制定的创新创业目标不断迈进。目前，国际上有很多成熟的自我认知理论，比如马斯洛的需求层次理论、MBTI性格理论、霍兰德职业兴趣理论，借助这些理论，不同的机构从兴趣、性格、技能、价值观等维度设计出了许多职业测评体系。高校可以通过这些测评体系帮助学生清楚地认识自我，并不断提升自我。从现实情况来看，很多学生并没有使用这些测评体系，一是大部分的创新创业指导教师注重理论讲解，没有在学生中推广这些测评体系；二是高校对测评体系没有给予足够的重视，没有投入资金购买测评体系，这样学生就无法体验测评体系的效果了。

另外，目前高校开展大学生创业能力考评制度还存在一定的不科学不合理，比如将大学生毕业后是否实施自主创业等作为了重要考评内容，缺乏对于学生自身发展适应性、创业情况、后期效果等方面内容的关注度。职业生涯规划理念的应用，需要高校在开展考评工作指标制定过程中加入学生自身职业定位的准确性、创业实施方案的合理性，以及包括学生毕业之后的创业实际效果等纳入综合考评制度中去。以为后期开展大学生创业能力培养工作提供更加科学、全面、真实的依据，进而实现现有教育工作的合理调整和优秀经验借鉴。

3. 实施差异教学

如何来定义差异教学呢？我国学者认为，差异教学指的是在班集体教学中立足学生差异，满足学生个别的需要，以促进学生在原有基础上得到充分发展的教学。教师可以根据学生平时的表现和职业测评体系把那些具有创新思维和创新创业意愿强烈的学生分到一个班里进行教学，再把创新创业意愿不强烈的学生分到一个班级里。运用不同的教学方法，挖掘两个班级学生的各种潜质，激发和鼓励他们的创新创业精神和意识，发挥他们的优势，补足他们的短板，帮助他们树立创新创业目标，并坚定地走下去。

（五）加强心理健康教育，培养大学生良好的意志品质

1. 开设创新创业心理课程

目前，高校开展心理健康教育的方式主要有心理健康理论课程，宣传教育、心理辅导，以提高学生的心理素质，挖掘他们的潜能，帮助他们形成健康的心理，促进他们人格的健全发展。根据学生对创新创业意识培养的需求，高校应该开设创新创业心理课程，向他们传授健康的创新创业的心理知识，剖析创新创业过程中会产生的心理问题，使这些心理知识逐渐内化为学生的创新创业心理素质，最终形成不怕困难、主动迎接挑战、坚持不懈的良好的意志品质。

2. 开展心理行为训练

我们先来了解什么是心理行为训练。心理行为训练指的是综合行为心理学、社会心理学、咨询心理学和认知心理学等学科原理，通过创设情境，借助团队协作的力量，以提高学生心理素质的训练方法，主要有发散思维能力训练、情绪调控能力训练、意志力训练、人际沟通能力训练、抗挫折能力训练和自信心训练六种基本方法。意志品质训练是大学生心理行为训练的重要组成部分，是提高大学生意志品质的有效途径。在高校创新创业指导课程体系中对学生进行心理行为训练活动，有助于他们客观地认识、分析、把握自己，当他们在创新创业的过程中遇到困难的时候能够以积极乐观的心态去面对，增强他们抗压力、抗挫折的能力，促进他们创新创业意识的形成。

3. 加强挫折教育

在创新创业的过程中，大学生一定会遇到各种各样的挫折。他们能否从挫折中重新站起来，是他们成为成功的创新创业者不可缺少的一项素质。这项素质的获得与他们良好的意志品质有关。尽管大学生对自己的未来充满了期许，但是随着中国家庭生活条件的不断改善，以及家长对子女的溺爱，很多大学生都没有做好打一场艰苦创业持久战的心理准备。如果一个人没有坚强的意志力、没有较强的心理承受能力，当他在创新创业的过程中遇到挫折的时候，便很容易受到打击，产生退缩的想法，在创新创业的路上半途而废。因此，将挫折教育融入高校心理健康教育体系对培养学生良好的创新创业品质具有重要的意义。大学生良好的意志品质的培养的第一步是让他们学会正确地看待创新创业过程中遇到的挫折，把挫折看成自身成长的一个契机，是锻炼和提升意志和能力的好机会，以积极的心态去面对，静下心来认真分析原因，提高自身抗压力的能力，重新振作起来，始终保持高昂的创新创业斗志。与此同时，高校心理咨询中心为学生提供及时、有效的创新创业心理咨询服务。针对学生在创新创业过程中遇到的不同问题，心理咨询教师要对他们进行针对性强的心理辅导，做到"一人一案"，帮助他们疏导不良情绪，缓解心理压力，及时纠正错误的认知，提高抗挫折能力，不断增强自身的心理素质。

第四节　高校大学生创新创业能力培养

一、大学生创新创业能力培养的理论基础

（一）创造教育理论

在美国哲学家、教育思想家约翰杜威（John Dewey）提出"教育即生活""教育即生长"的思想基础上[①]，1943年，我国著名的教育家陶行知通过立足于当时中国教育的实际情况，针对传统教育存在的问题，提出了"生活即教育"的生活教育理论[②]，其中创造教育理论是生活教育理论的核心，教育思想家陶行知开创了我国创造教育理论与实践的先河，是创造教育的先行者。创造教育理论从学生和教师两方面入手，理论思想贯穿于整个教育活动中。对于学生而言，创造教育理论提倡首先要为学生提供充足的养分（即身体和心理上的"营养"），为学生培养创造能力提供先决条件；其次培养学生创造性地发现问题、深入探究问题、独立解决问题的良好习惯，提倡学生要"手脑并用"，最大限度发挥学生的创造能力；再者要分析不同学生的特点，进行"因材施教"，解放学生天性，注重学生的个性发展。对于教师而言，教师最大的成功是要"创造"出能成为自己推崇对象的学生，鼓励教师与学生同步成长，勇于创造，打破传统的墨守成规模式，大胆地

---

① 康桥．杜威：教育即生活[M]．上海：上海辞书出版社，2014．
② 徐莹晖，王文岭．陶行知论生活[M]．成都：四川教育出版社，2010．

尝试未接触过的事物和教学方法，为培养学生创造能力保驾护航。创造教育理论为创新创业教育奠定了坚实的理论基础，同时也为如何更好地培养创新创业人才提供了理论依据。

（二）政产学三螺旋理论

"三螺旋"这个概念在生物学领域中最先应用，表现为生物学上的基因、组织、环境之间的三螺旋关系，随后在20世纪90年代，美国纽约州立大学亨利·埃茨科威兹博士（Henry Etzkowitz）和荷兰阿姆斯特丹科技发展学院劳伊特·雷德斯多夫教授（L-Leydesdorff）有了新的研究发现，基于生物学上的"三螺旋"观点，创新性地提出适用于教育领域应用的"政产学三螺旋理论"[①]，其本质核心在于大学、产业、政府三者互相联结，既保持自身的作用，三者又能够进行合作进而相互影响，发挥强大的合力，如同三个螺旋一般缠绕在一起，实现知识的生产、转化、应用的螺旋式上升。这个螺旋式上升过程则需要实现"创新的创新"，其本质是通过重新组合将创新的组织安排合理化，健全开展创新创造活动的动力机制。在政产学三螺旋理论中，政府、大学、产业三者在运行过程中需要保持高度的同步性，发挥三者的最优状态，对知识经济时代下的创新创业发展起着重大作用。

（三）创新生态系统理论

2004年，美国竞争力委员会认为美国要在全球竞争转型期获得更大的发展机遇，就需要制定更加完善、大胆的政策方案，来发挥创新竞争力的动能，首次提出"创新生态系统"这个概念，专家学者们在此基础上进行研究拓展，将生态学理论运用在创新教育领域中，国外将创新生态系统定义为具备完善的合作创新支持体系群落，在系统内部有许多创新主体，各主体间相互协同合作，在发展过程中彼此影响，同时又作用于对方，互利共生，共同为完成一个目标发挥其最大价值，并在系统外部环境的影响之下不断推动发展进程。国内学者基于国内教育的实际情况对创新生态系统进行研究，认为创新生态系统理论包括创新个体（高校、政府、企业、研究机构、中介机构等）、创新组织、创新环境，由三个要素组成动态性开放平衡系统，创新个体间协同发展，在创新组织和创新环境的"保驾护航"下实现各主体间的价值共同创造，一个充满活力的创新生态系统取决于各主

---

① ［美］亨利·埃茨科威兹著，国家创新模式——大学、产业、政府"三螺旋"创新战略[M]. 周春彦译. 北京：东方出版社，2014.

体间不断增加的紧密度、流动性、连接性和多样性。因而，创新个体的有序发展和互动协作，依赖于在各主体间建立良好的创新生态环境，促进创新能力的提高，同时能够有效地应对外围的机遇和挑战，进而提升国家的创新竞争力，使国家在世界综合实力强国之林中屹立不倒。

（四）协同理论

1977年，德国斯图加特大学赫尔曼·哈肯教授（Hermann Haken）出版了著作《协同学导论》（Synergetics：An Introduction），在著作中他提出了"协同学"这一新兴学科，即在众多子系统的联合作用下，通过不同学科的合作进而找出制约自组织系统的一般原理，在物理学、生物学、化学等自然学科中广泛应用，随后更是深入到社会科学领域，协同理论正是在其基础上延伸发展形成的。协同理论重点论述了系统从无序状态转为有序状态的一般特征和规律，促使众多子系统在学科的合作下相互协调，产生协同效应（Synergy Effects），即超越数学意义而形成1+1＞2的效果，推动自组织系统趋于完善。赫尔曼·哈肯教授（HermannHaken）的协同思想在社会科学领域的应用开拓出一片新天地，随后在教育领域、管理领域有了更新的发展，对于教育协同发展起着非常重要的作用，协同、整合、互补实现各方共赢，促进系统整体在协同下的效益最大化。

二、创新创业能力培养模型

（一）创新创业能力模型的设想

创新创业是一种思想见之于行动的过程，即将创新性想法变为创业性行动的过程。不论何种创新创业，最终都是由一个个具体行动构成的，创新创业能力就体现在一步步的行动过程中。创新创业过程可以划分为不同的阶段，不同阶段需要不同的能力，按照行动逻辑对创新创业能力进行分解，就可以对创新创业能力获得一个比较全面系统的认识。德国心理学家弗里塞（Frese）和扎普夫（Zapf）于1994年提出了行动理论模式（图4-4-1），描述了一个将目标与意图、行为相联系的过程。该模式揭示了个体行动的具体步骤，其中，行动源于"渴望"即"某种需要"，起点表现在"建立目标"上，行动过程则表现为"计划—执行"。行动结束则表现在"反馈"上，这也是新的行动的开始。

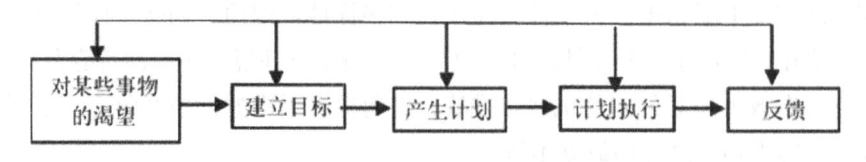

图4-4-1　行动理论的行动过程模式图

创新创业过程包含七个关键步骤，即"确定目标（起点）→行动筹划→果断决策→沟通合作→把握机遇→防范风险→逆境奋起（终点）"。它们对应七种关键能力，即目标确定能力、行动筹划能力、果断决策能力、沟通合作能力、把握机遇能力、防范风险能力、逆境奋起能力。这七种能力代表了行动的演化逻辑，也代表了人们行为的基本流程。因为做任何事情，首先要确定目标，其次是进行筹划，再次是需要果断决策、沟通合作和把握机遇并防范风险，最后当遇到挫折是或失败时必须能够乐观面对、百折不挠。这七个能力是一个崭新的创新创业能力框架，也是创新创业活动必经步骤，具有普适性；而且这些行为具有可观察性，可以测量，也可以有针对性地培养。这一能力框架不仅遵循了行动逻辑，也契合了中国传统哲学"知行合一"思想，是对传统中国哲学思想的创造性应用。

（二）创新创业能力模型的推演过程

1. 发现自我的能力

发现自我指个体对自我潜能有了一个比较敏锐的认识，当个体知道自己的潜能所在，就会为自己确立发展目标，从而发现自我过程就成为目标确定过程。目标确定过程是个体主体性强的集中体现，它是个体积极进取、不断探索的结果。当个体发现这种潜能之后就会对自己产生自我期待，愿意投入到实现自我潜能的行动中。具体而言，发现自我的根源是自信，自信是自我认同的结果。在此基础上，个体初步清楚了自身发展方向。此后，个体在与环境互动中进一步调适自己的发展目标，确保其发展目标实现的可能性。最后，个体在平衡内在追求和社会需求的基础上，最终确立一个明确的具有吸引力、挑战性的发展目标，从而指引个体不断付诸行动。所以目标确定过程，具体而言应该包括个体自我认知、自我认同、环境评估和目标确立四个环节，这四者之间是一个不断递进的关系。

2. 发展自我的能力

当个体发现自我潜能后，产生进一步证实这种潜能的动力，使自己的潜能由不可见变成可见，把不确定的潜能变成较为确定的能力，这就是一个发展自我的过程。这个发展过程包括行动筹划和果断决策两个关键环节。因为在有目的行动前必须进行通盘考虑和系统规划，初步设计出行动路径。行动筹划更多的是在理想层面，一旦付诸行动则必须慎重抉择和果断抉择，从而保障行动路径的最优化。

发展自我意味着个体必须以目标为导向，积极地将想法落实在具体行动中，只有在行动中才能够找到并缩短主观自我与客观自我之间的差距，从而对自我进行更加客观地审视并进一步挖掘自我发展潜能。发展自我的行动过程应该是有筹划的，因为人作为理性行动者，行动往往既要独立自主，又要符合社会规范，同时还要勤于反思。具体而言，行动首先需要有具体的行动路径、资源，这是个体行动前必须做的准备工作。行动筹划就是为了找到较为完善的行动路径而不断修订行动方案的过程，它不仅需要充分利用各类已有资源，而且需要挖掘潜在的可用资源，从而探寻新的路径。所以，行动筹划需要具有制订规划、筹划资源和主动性等三方面能力。

个体在筹划行动后，就必须果断决策。果断决策也是一个人决断性强的表现，能够在关键时刻敢于冒险、不惧失败，做事当机立断、雷厉风行，这是一个人将思想上的设计付诸行动必不可少的，它包含了冒险精神和决策能力两个关键要素。一方面，个体必须在多种行动可能性中选择出最优方案，这是对一个人胆识和谋略的考验，因为决策就意味着风险性。另一方面，个体发展目标具有挑战性，这意味着接下来的行动可能面临着困难、风险甚至失败，个体在实施行动前，必须坚定信心与决心，抱定不达目标决不罢休的意志，果断决定采取下一步行动。这实质上也是一种风险决策。这就需要个体具有较强的冒险精神，若瞻前顾后、犹豫不决，难以克服内心的懦弱，就难以下定决心采取之后的行动。

3. 实现自我的能力

实现自我是指实现理想自我，是个体面对外部世界积极进取的过程。要实现理想自我，首先就需要借助外力帮助，其次是把握好机遇，再次是防范风险。

个体在应对复杂的外部环境时，首先就需要借助外力帮助，这就要求具有较强的沟通合作能力。个体需要与他人沟通、合作并建立有利的社会网络，同时个体也在其中进行自我建构。沟通合作能力是一个人进入社会场域的必备能力，包括良好的表达、尊重他人、消除彼此间分歧、与他人达成共识等。如此，个体才能够与他人达成共同奋斗目标，组建为利益共同体，形成合力实现合作共赢。

其次，在不确定的环境中个体能够准确把握时机，并通过创新将机会的效益发挥到最大，这就会成为个体实现自我的关键节点。但机遇不可能从天而降，而是个体坚持开放的心态和创新的思维，在不确定环境中能够积极进取、勇于开拓，才有可能发现机会并抓住机会。这就要求个体必须能够忍受不确定性，对陌生的环境、事物抱有好奇心和容忍度，能够发现并评估机会，并且能够实施创新行为推动想法落地。故而把握机遇需要识别机会、忍受不确定性和创新性等要素。

再次，环境的复杂性、多变性决定了行动的风险性，所以行动中必须防范风险。实现自我应该是稳中求进，在把握机遇的同时也必须留意可能的风险，避免因轻视风险而造成重大损失。防范风险是一种主动行为，而非被动为之。为此，个体在行动之前就必须设立防范机制，时时进行反思学习，预估各种可能风险，并对风险保持敏感性。所以，防范风险要求个体具备建立防范机制的能力、反思能力、风险感知能力、风险管理能力。

4. 超越自我的能力

超越自我是著名心理学家弗兰克（Viktor Emil Frank）提出的一个概念，超越自我是个体进一步对自身所处位置的探索和理解，是为了更好地把握人生，更有意义地去生活。超越自我意味着个体必须扩展个人能力，突破成长上限，不断实现心中的梦想。超越自我并不容易，必须重新认识自己，经历磨砺及修炼，挖掘出内心向上的欲望和潜能，以一种更加积极的、创造性的态度面向环境。个体面临挑战、困难、失败等境况时，能否打破僵局并顺利渡过，决定了个体是否能够迈向新台阶。

个体成长过程始终是一个机遇与挑战共存、希望与困难共生的过程，任何尝试也都可能会面临困难、风险和失败，这就意味着个体需要具备强大的心理资本。在面对挫折时，能够勇敢面对并将压力转化为动力，以积极的态度寻求解决问题的办法，是个体在成长和发展过程中的一种积极心理状态，是促进个人成长和绩效提升的重要心理资源。为此，个体需要始终对事物保持乐观的心态，在逆境中能够迅速恢复，并锲而不舍地追求更高的自我目标。该心态能够帮助个体进行自我调节、自我管理、自我完善，最终实现自我超越。综上所述，心理资本主要的表现就是抗挫折性，能够在逆境奋起，具体能力为乐观、希望和韧性。

（三）创新创业能力模型的形成

创新创业是个体在与环境互动中，通过一系列行动发现自我、发展自我、实现自我和超越自我。这一自我发展理论构成了创新创业能力模型构建的哲学基础。创新创业主体能力框架是基于行动理论设计而成，将创新创业过程分为七个关键行动节点，这七个关键行动不仅符合理性行为的客观规律，而且与自我发展过程存在内在逻辑关系。需要说明的是，行动不仅仅包括外显行为，也包括内在的态度。态度和行为是一体的，不可能截然分开，因为真正的行动必须是知行合一的。

对此，人格理论、胜任力理论、行动理论都认可态度能力和行为能力。故本研究在思考每个关键能力的具体能力指标设计时，参照了胜任力理论、人格理论和行动理论，分别对七个关键能力的内涵、特征、表现等进行探究，从而构建出一个完整的、可测量的、具有普适性的创新创业能力评价指标体系。该创新创业能力模型如图4-4-2所示。

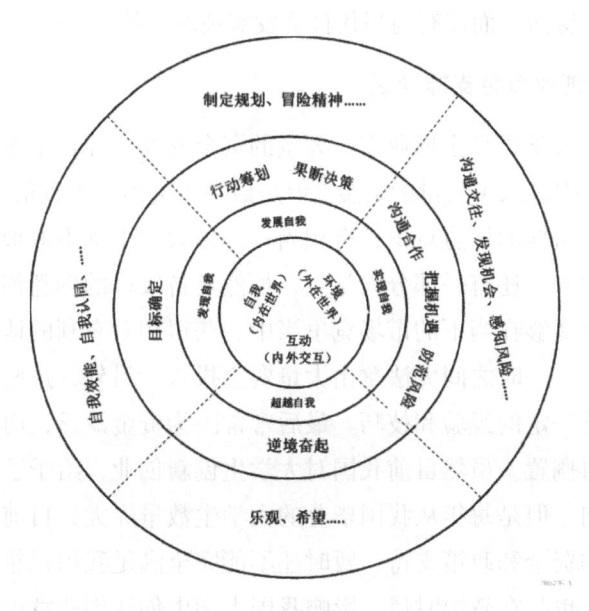

图 4-4-2 创新创业能力模型

三、大学生创新创业能力培养的现状分析

（一）大学生总体的创新创业意识不强

目前，我国大学生自主创业的比例占比仍很低，相较于一些西方国家，我国大学生的创新创业概率是非常滞后的。这种创新创业意识不强，主要表现为以下几个方面。首先，有很大一部分大学生在进行专业学习的时候，都有过创新创业的规划和想法，但是在毕业之后能够把这种创新创业的规划付出实际的大学生少之又少。第二，一部分大学生在进行专业课学习的时候，比较安于现状，希望自己通过学好专业课知识，在毕业之后找到一份与自己专业知识挂钩的工作即可，并没有进行自主创新创业的意识。第三，有一部分大学生虽然具备了创新创业的意识，他们也希望通过自主创业来获得更好的发展。但是这一部分大学生的创新

创业意识，常常是建立在理论层面的，他们针对自己想做的事情，不会去进行细致入微的市场调研，也无法综合评估自身的创业想法是否适合当代时代发展潮流，是否能够在激烈的社会竞争当中取得一席之地。也就是说从总体上来看，我国大学生的自主创业比例相较于国外较低，并且大学生的创新意识和创新能力都不够强，要么具备一定的创新意识，但无法付出行动，要么具备的创新意识，仅仅是建立在个人理论层面，而没有与当代社会发展情况挂钩。

（二）创新创业资金支撑缺乏

众所周知，大学生自主创业需要大量的资金支撑，并且很多大学生即使在自主创业的过程当中投入了大量的资金，但是最终也会因为种种情况导致资金损失。也正是因为具备这样的风险意识，有相当一部分大学生都不敢把自主创业的设想落实到行动当中来。还有一部分大学生，虽然具备较好的创新创业想法，他们的某些想法也确实能够在当下的市场竞争当中，获得相对有利的地位。但是由于自身经济条件匮乏，一时之间无法拿出大量资金投入。另外，这些大学生在融资和集资方面也缺乏一定的经验和技巧。最后常常因为资金缺乏，而导致自己把创新创业的想法一再搁置。虽然目前我国对大学生创新创业，给予了相对较多的资金扶持和政策偏向，但是每年从我国毕业的大学生数量庞大，目前我国对大学生创新创业所提供的资金和政策支持，暂时还不能完全满足我国每年大学毕业生的创新创业需求，这也是在辉煌时代，影响我国大学生创新创业意识与能力培养的一个客观现实因素。

（三）家长的个人观念对学生的创新创业意识有较大影响

很多家长都希望学生未来能够有一个相对稳定的工作，对于公务员、教师这一类职业往往相对青睐。所以在学生步入大学生活之后，很多家长都会干涉学生的未来就业选择，要求学生报考公务员或者教师编制等等。家长对学生提出的这些要求，一定程度上影响了学生未来的职业发展方向。这也让很多具备创新创业想法的学生，在毕业之后为了尽快获得一份工作，就会按照父母所设计的人生道路去走。父母对于当代大学生职业选择和职业规划的影响，在中国式教育家庭当中，事实上是非常常见的。也就是说，在互联网这样一个充满契机的时代，很多父母的就业观念，对于大学生未来的职业选择具有一定的阻碍作用。虽然我们不能说这些父母的思想观有太大的问题，但至少这类父母的思想观念，常常会削弱大学生将自主创业这种想法投入到实际行动中的勇气。

四、大学生创新创业能力培养的主要措施

(一)学生自身层面

1. 增强学生思想认识

在高校办学过程中,应当对当前的教育形势以及就业趋势进行实时调查分析,以此完善对学生的培养方式,制定合理的教学规划,为学生的发展打下坚实的基础,不断为其拓展发展方向,以有利于学生的良好发展。因此,在培养大学生创新创业能力的过程中,高校应充分重视学生思想的培育,思想认识直接关系到学生的实际行为,影响其未来发展。继而高校须开设相关课程,让学生对创新创业有基本了解,初步掌握当前我国各行业的发展形势。并且,在实际培育过程中,高校应当加大对创业的宣传力度,让学生了解创业的具体内容,对创新创业发展趋势进行有效掌握,使其充分认识到创新创业的重要性,积极转变学生的观念,使其由被动变为主动,积极参与到创业活动中,有效提高学生的竞争力。同时,教师在开展专业课程教学时,还需向其传授有关理念,促使学生对创业理念有深入了解,并逐渐对相关理念进行充分探索,强化学生思想重视度,不断将培育内容落实到具体教学工作中,由此实现学生能力培养的目标,确保教师顺利完成教学工作。

2. 提高自身的专业性知识

大学生在创新创业方面首先考察的便是专业性的知识,大学生需要有强大的专业知识作为后备资源。在学习期间,大学生不应为了学分而学习,应该以提高自己专业素质为目的进行学习,同时参加相关的创新创业项目来提升自己的能力,主动地去了解关于创新创业相关的知识并增加创新创业知识的积累。在大学期间考证对自己以后找工作仅仅是"一块敲门砖",若没有足够的实力去胜任相应的工作岗位会使自己今后的路十分坎坷,所以提高自己专业能力才是重中之重。

3. 加强创新思维培养

在学习期间,大学生们应加强自己的创新思维训练,这有助于大学生创新创业能力的提升。创新思维主要有四个方面的基本特征:多向性、开放性、新颖性、现实性。从教师的角度来说,课堂教学应解决答案唯一的现象。在教学过程中不以标准答案为准,从问题的角度引导学生多角度多方面思考问题,多鼓励学生寻找解决问题的新方法。开放教育的核心是开放性,在把握自己专业知识的基础上扩展其他自己感兴趣的学科知识,不同的学科知识交融碰撞对自身培养创新思维具有重要作用,可以提高自己的创新创业能力。在生活中,大学生们应基于现实,

在已有事物的基础之上融入自己的想法，改造该事物使其更好地服务我们的生活。

4. 丰富实践经验

对于大学生创新创业经验积累的建议。首先，是要在大学结合目前的状况增设大学生创新创业指导课程，在校内多组织相关的比赛提高学生的竞争意识。其次，学校应招聘相关方面的老师，为学生提供良好的创新创业指导方向，并要求老师及时参加相关的培训及时了解创新创业的改革方向。在校内多宣传大学生创新创业成功的实例，吸引感兴趣的同学们加入创新创业的队伍中，增加学生对大学生创新创业的了解。在校内多举办与大学生创新创业相关的活动，让学生们都可以参加，在活动中提高学生的实践经验。

5. 建立目标并为之努力

目前应届大学生毕业后的出路大致分为三种：考研继续学习，考取公务员或者进入私企，自己创业。大学生应尽早确定自己未来的方向，并创建小目标为之努力。如果确立的目标是自主创业，那么提高自己的创新创业能力就显得尤为重要。自己的目标应该定在大学生创新创业项目的学习上面，为自己以后的创业之路提供知识能源。

6. 了解创新创业政策

在美国从初中就开始为学生们提供创业教育课程，创业早已成为了潮流。在我国只有少数高校才开设这类的课程。大学生在社会中自主创业少不了要为自己拉一些赞助，如果可以让他人及时发现自己的价值，不论是在求职路上还是创业路上都会比较顺利。在大学课余时间我们更应该去找一些实习工作提前锻炼自己，树立不怕吃苦、持之以恒的精神。各大高校都在极力培养大学生创新创业能力，积极响应了国家"大众创新、万众创业"的号召。作为大学生我们更应该多去了解国家大学生创新创业政策的走向，以便在自己创新创业道路上少走弯路。

（二）学校教学层面

1. 打造专业教师队伍

（1）扩充师资来源

师资队伍是创新创业人才教育的关键和重点。只有师资队伍和社会的创新实践、科技前沿研究相结合，打造校内的创新创业教育智囊团，才能进一步提高创新创业人才教育的质量。首先，要求不断丰富创新创业教育师资补给渠道，制定相应的教师任用标准，使优秀师资力量持续壮大。根据国内外培养大学生创业人才的成功经验发现，创业人才教育的师资及管理人员可以从多个渠道招募和聘用，既要从一些常规的高校、研究院所等企事业单位的师资中招募，也要从金融、风险投资管理有限公司等各类社会企事业单位的专家中引进，从社会上引进知识渊博和资历丰富的大型企业管理人员及创业人员等。

（2）高校要提供相应支持

高校给予创新创业教育政策和资金上的有力支持，就能够促进该事业的飞速发展，具体可以从教学考核、师资培养、资金支持以及职称评定等方面展开。首先，鼓励教学成绩突出的教师，定期开展对教师的培训工作，组织学术交流活动，使教师们广泛参与到学术理论以及教学实践研究中，使教师的服务意识及指导能力得到持续强化，让教师达到独立或合作设计课程开展教学活动，帮助高校学生通过知识的内化和拓展引发创新发散思维。其次，高校可以积极鼓励教师到创新创业企业挂职学习锻炼。最后，有一定条件的高校还可以申请建立教育研究培训机构以及创业教研室等。

（3）高校要鼓励老师和学生共同创业

师生一起创业具有显著优势，在创业团队各成员出现分歧意见时或在创业实践中出现摩擦矛盾时，指导教师可从专业的角度来协调，使各成员的创业意见达成统一，使学生的创业与团队中其他成员的创业都能有好的结果。高校要鼓励教师参与到学生创业实践中，将教师的创业指导作用充分发挥出来。另外，可以以高校股权联合投资的方式鼓励教师参与到以大学生和家长为投资主体的公益性创业中，对大学生和家长进行创业指引。最终通过鼓励实践性的创业教育，使得教师不断加深和加强自身对创业的理解，提高授课能力。

2. 开展多元教学活动

在学生的能力培养过程中，教师应当根据学生对创新创业了解的具体程度，采取相适宜的教学方式。在开展教学过程中，教师可充分将理论与实践以有效结合，在向学生讲解理论知识的同时，不断开展多元教学活动，丰富各项活动的内容，为学生创造良好的实践环境。在实践活动中，可让学生对理论知识进行灵活应用，并充分掌握学生对知识的理解程度，以便于教师对后期的教学工作做出适当的调整。在实践过程中，教师应当对学生进行有效指导，对其进行充分鼓励，以增强学生的自信心，对培养其创新创业能力有着较大的帮助。在开展实践活动过程中，让学生充分了解我国市场经济的整体趋势，对社会以及各行业也要有基本了解。促使学生逐渐参与到各类项目中，为其提供良好的实操机会，使学生在实践活动中，不断积累相应的经验，有效提高学生的创新创业能力，为其后期创业做好充分的准备。

（1）转变教学观念

教师作为大学生创新创业思维培养的引导者和培育者，教师的教育观念要做到与时俱进，应该明确大学教育不仅是专注于知识和技能的传输，更应该以学生认知的提升为目标，重点关注学生思维培养。例如在上课时密切关注和引导学生进行创新创业思考，将创新思维融入教学中，进行创新创业教育，使其自我能力提升。

（2）丰富课程体系

英、美、日三国的创新创业教育经验值得借鉴。健全创新创业课程体系能在很大程度上推动创新创业教育的发展。我国高校要积极开展创新创业课程体系建设，将此作为大学生创新创业思维培养的一项关键举措。

（3）完善课程体系

课程体系合理完善是发达国家创业教育质量高的重要原因。要完成这项工作，首先要根据培养目标，借鉴发达国家成熟的创业课程实践经验。不仅要开设覆盖各专业学生的一系列创业基础课程，大量收集时下创新创业案例为课程内容，建立创新创业思维案例库；还要不断开发和引入创新创业类课程，促进课程体系的完善，进而引进和尝试构建多元化的创业课程体系。课程的多元性是为了让大学生可以自由选择自己感兴趣的课程，引导和帮助大学生形成具有自身优势的、系统的创业思维。在课程的多元性上，除了不同的管理课程、人文课程，还可以将创业课程类型划分为学科体验课程、实践体验课程、活动体验课程、环境体验课程，涵盖案例教学、小组讨论等多种形式。

3. 完善创业教育制度

在学生能力培育过程中，其所需时间相对较长，无法在短时间内让学生具备较强的创新创业能力，由此高校应当长期坚持对学生能力的培养。为此，高校需结合社会的发展状况以及学生的实际情况，不断完善创业教育制度，对能力培养的整体过程进行详细的规划，构建完整的教育体系。要求教师在开展教学工作时，严格按照高校的具体标准进行有关工作。并且，在教育制度建立过程中，高校应当根据逐渐变化的市场需求，对制度内容进行合理调整优化，确保创业教育制度符合当前社会的发展需求，以有助于培养出高质量学生。同时，在教育制度建设上，高校需对专业课程进行合理设置，并选择相适宜的项目，加强对学生能力培养，有效发挥制度的实际作用，为培育学生创新创业能力提供充分的参考依据。

4. 搭建创新创业平台

对学生能力的培育主要是为了使学生能够尽快适应社会的发展，并利用所学知识进行相应创新，根据专业的具体内容逐渐开展创业工作，有效推动学生的长远发展。因此，高校应当为学生搭建良好的平台，积极利用资源优势，对各资源进行不断整合，由此可有效强化学生的实际操作能力。在互联网发展的背景下，高校也应当紧跟时代的发展步伐，充分利用信息化技术，将其与创业实践进行有效联结，为学生提供良好的平台。基于此，高校应当加强与企业紧密联系，通过线上线下，让学生对市场环境以及具体的工作要求有着更加深入的了解，使其充分掌握创业的实际流程，有效为学生传输大量的实践经验，满足学生能力培养的要求。同时，高校还需加强对实践基地的建设，不断锻炼学生的思维，使其在实践过程中掌握有关理论知识。提高学生的敏锐度，逐渐加强学生间的交流，让其了解更多的创新创业知识，从而为学生创新创业能力的培养奠定坚实的基础。

5.改变传统教学方式

（1）突破教学思维定式

大部分教师在创业课堂教学中只重视理论知识和实操技能原理的讲解，这在很大程度上对一些大学生创业思维的形成与发展产生阻碍。首先，国外的创业课堂对课堂效果十分重视，他们采用新的教学方法，案例分析法就是国外创新创业课堂上常见的教学方式。因此国内高校也可以在课堂上采用案例分析法，由教师设计案例课件，并且将创新创业理论知识和思维带入案例的讲解中。其次，再根据实际情况引入创造需求创新法、组合创新法、头脑风暴法、类比创新法等授课方式，提高大学生善于发现、善于思考的能力。同样的内容可以采用不同的教学方式，除了常规的撰写个人创业计划书、创业成功人士的讲座、主要案例的分析与讨论等，还可以引入课程主题演讲、文献阅读以及小组探讨、课程项目研讨会、课程实习、多媒体教学、演示性的教学等多种教学方式，充分利用各种教学方式将所学的知识和信息更好地展示在大家的面前，帮助学生尽快建立清晰的思维和认知。

（2）应用体验式教学方式

国外高校在实际教学中以体验式教学为主：模拟真实的环境和情景，通过案例分析和企业实习等一系列不同教学方式来强化学生的理论应用于实践的能力。首先，就是对成功的创新创业案例进行分析，让学生自主分析案例创业成功的因素，引导学生关注成功人士所具有的优秀特质，使他们深刻认识案例中的内外部条件和规律，提高学生的综合创业能力，使学生的创新创业思维意识不断提升。其次，通过模拟仿真训练到创业实践，再到真实创业，让创业者对创业和团队需求有一个初步的概念。最终将企业与学生的科研项目关联起来，更多地将其科研教学的主要场所和重点领域放到企业实习室和实践实训基地等，让在校学生在真实的学习环境中体验学习。

6. 优化教育评价指标

高校对学生创业能力的培养，主要是为了强化学生的整体素养，为其发展提供较多的选择，促使其能够在发展中不断实现自身的价值。为此，高校需逐渐优化教育评价指标，从多角度出发，明确具体的评价标准，对学生能力培养的相关因素进行合理分析，不断完善培养阶段的各项内容，增强高校教育工作的持续发展。同时，在学生创业过程中，其与能力有着较大的关联，并且还会受到多方面因素的影响，继而要求高校在设定评价标准时，应当从全方位进行考量，有效制定针对性的评价标准。根据学生的实际情况以及项目中的具体内容，完善相应的评价体系，从多方面对学生能力做出准确评价，促使教师对学生创新创业能力的形成有着较多的了解，有助于教师制订针对性的教学方案，确保学生的能力有所提升。另外，在评价过程中，还需从创业经验、理论知识等各方面进行评判，有效保证评价结果的准确性，帮助学生及时了解自身的不足之处，并对其进行不断改善强化，从而使其在教育中收获较大的成果。

（三）支持体系层面

1. 从根本上整合政策资源

目前，政府已经高度重视专门面向在校大学生的创业实习和实践平台的建构，而且社会上开始积极开展大学生创业基地和实践示范园的建设。所以，高校要加强对教育部和国家有关创业政策与资源的理解和领会，深入分析和解读创业政策，提升对大学生的咨询服务和指导工作，解决大学生创业的心理顾虑，使他们大胆创业。比如可建立大学生创业咨询服务和创业指导中心等。

2. 从校企合作出发构建合理创业氛围

高校可加强与企业的合作，为大学生创业争取到更多的支持资金，开拓大学生创业渠道，逐步形成高校和社会一起提供支持的有机体。比如，某大学就在国内不同地区建立了五家国家级和三家校级大学生见习基地。高校能与特定行业公司合作一起为学生提供创业实践基地，并且还给予技术上的指导及筹资咨询服务。另外，高校可以从企业中获取合适的师资，例如选聘具有创新精神的优秀员工、企业家，让他们加入创业的教学研究工作中来，甚至能邀请他们为大学生开展创业讲座，使学生的创业知识视野更加广阔，营造出一个创新创业学习与实践的良好校园气氛。

3. 学校应为学生提供更多实践机会

教育部门与高校科研机构可建立创业实践基地，积极开展创业主题活动，通过多种有效方式支持在校大学生创业。例如某大学创设了将近30个创新创业社团，如"蒲公英"青年创业学院等。同时，每年还组织创业沙龙等活动达到四百多场。再比如某航空航天大学为传授大学生关于创业的知识，并为其提供了创业咨询和其他服务，建立了创业园；为管理大学生创业过程中的事务以及资源，创设了"创业管理培训学院"；每年还设立300万元的创业基金以对在校大学生中可行的创业项目进行前期研究和融资。

4. 构建资源共享平台

在创新创业教育人才培养方面，绝大部分高校都缺少经验，通过资源共享就能使相关资源得到充分利用，从而有效解决很多高校创业教育经验不足的问题。首先，高校要将媒介工具、官方网站等充分利用起来，将专家以及创业项目的资源有效集成，为学生提供各项无障碍资源，学生通过网络获取项目信息、最新进展、用户需求等，还能和导师以及专家在线交流，从而获取更大的创业发展空间和更多有创意的思路。再者，"创业课堂""网上论坛"等创业教育网络平台能方便高校整合一系列优质创业教育资源。

5. 优化创新创业环境

对于刚刚结束十二年紧张学习生涯的大一新生来说，一切都是新的，拥有一个良好的创新创业环境是培养学生创新创业能力的前提，良好的创新创业环境可以正确地引导学生加入大学生创新创业活动中来。大学应增设大学生创新创业课堂，在课堂上老师可以更好地为学生提供创新创业道路方向。在创新创业的项目中老师应该及时给予学生鼓励，让学生可以有继续努力的信心，在良好的创新创业环境中，有机会参加自己喜欢的创新创业项目，在活动中增强对自身的正确认识，进一步开发自身的潜能，增强自己的信心；在项目中学会如何与各成员相互讨论、融洽相处，更好扩大自己的交际圈，结交一些志同道合的朋友共同进步。

6. 应完善相关政策

发展的第一动力就是创新，政府应完善相关政策。政策是学生参赛的助推力，政府应鼓励支持大学生创新创业，完善相关的政策为大学生提供良好的创新创业环境。在组织相关活动和比赛时，要细分创业方向，给予大学生参与相关比赛的指导建议，这样可以让大学生一对一地选择适合自己的创新创业比赛与项目。在组织比赛时要给予足够的启动资金保证比赛的正常进行。政府不仅要对学生还要对学校给予相关的督察工作，保证学生可以正常进行比赛。

（四）思政教育融入层面

1. 注重课程融入

在基于学生创新创业能力培养的思政管理创新过程中，学校、教师要注重课程融入，让创新创业教育和思政教育深度融合，以此来培养高校学生良好的创新能力，激发学生的创新意识，提升高校学生的综合素质，将来成为社会发展需要的创新型人才。首先，基于课程层面来看，教师要在思政课中深度挖掘一些和创新创业有关的教育素材，因为思政课主要是围绕高校学生的身心发展规律以及马克思主义基本原理来开展教育活动的，这本身就是与时俱进、一种创新，这些都可以作为开展创新创业教育活动的支撑点。在正式开展创新创业教育活动之前，教师要先深入剖析创业知识，探究如何激发高校学生的创新意识和创业意识，帮助学生了解当前最新的就业趋势，分享一些成功企业家的创新案例和创业案例，同时，还需要融入相关法律知识，让学生在创新创业过程中，做到遵守法律、遵守规则，成长为一名品学兼优的学生。其次，在高校思政教育活动中，一定要创新思政教育模式、方法、技巧，构建"以学生为中心"的思政教育模式，锻炼学生的创业能力，使之形成良好的创业心理素质。

2. 重视师资融入

在"大众创业，万众创新"理念的引导下，在高校思政教育工作中，要想锻炼高校学生良好的创业能力、创新意识，需要重视师资融入，改革思政教育目标，拉近思政教育课和学生之间的距离，提升思政教育的感染力、吸引力，取得理想的思政教育、创新创业教育效果。教师是思政教育、创业创新教育中的引领者，教师自身的处事方式、行为习惯、思想观念对学生的影响是非常大的，由此，一定要提升思政教师的综合素质，构建全面发展、以人为本的创新创业教育理念，改变以往把创新创业教育责任推给就业指导中心的教育模式，而是要真正把创新创业教育理念融入思政课堂中。首先，高校要强化对思政教师的教育培训，让思政教师掌握最新的就业创业知识，通过课堂讨论、案例分析、理论讲解的方式来传达创新创业理念、内容，鼓励学生为创新创业提出自己的观点、想法，把专业理论知识转化为真实的案例，让高校学生掌握更多的创新创业实践经验，这样能增强高校思政教育活动的有效性，使学生更容易理解和接受。同时，在高校思政教育工作中，一定要把思政教育考核和创新创业教育考核关联起来，让思政教师更加重视创新创业教育，鼓励思政教师培养学生正确的世界观、人生观、价值观，使学生积极主动结合自身的专业创新、创业。

3. 营造良好的创新创业文化教育氛围

教师要结合校园媒体来营造思政教育氛围、创新创业教育氛围，通过多媒体技术来宣传创新创业文化，在校园中张贴一些鼓励创新创业的横幅，激发学生的创业和创新精神。同时，教师可以利用校园板报来宣传有关创新创业的教育内容，提出一些创新创业类型的问题，让学生积极讨论、互动，相互分享校友成功的创业经验案例，引发学生的情感共鸣，对创新创业产生吸引力。其次，教师要在校园文化活动中渗透思政知识、创业创新知识，鼓励一些行业专家开展讲座活动，通过分享创业心得、创业教训、创业经验，增强学生参与创新创业的自信心、积极性，为之后参与创新创业活动奠定扎实的基础。学校要给予高校学生创新创业更多的支持，通过实地考察，广泛搜集创业信息，来开阔学生的眼界、拓展学生的思路，使学生树立积极的创业创新理念，增强学生的市场竞争力。最后，学校要组织、鼓励学生积极参与各种类型的创业创新大赛活动，增强学生的创业能力、创新意识，学生在各种类型的创新创业大赛活动中锤炼自己坚强的意志力，增加智慧才干，具备创业过程中所需要的判断能力、思维能力、观察能力。

4. 基于"双创"视域下构建思政教育内容

在高校教育工作中，要基于"双创"视域下构建思政教育内容，以此来培养高校学生良好的创新创业能力。思政课程中蕴含着丰富的体系、知识，但是教师只注重提升学生的思想政治素养，完全忽视了创新创业教育内容的融入，由此，思政教师一定要围绕创新创业来构建思政内容。首先，需要让高校学生了解完整的创新创业相关法律政策，及时更新脑海中的专业知识、思政知识、创业创新知识，对于社会、国家创新创业法律法规要有更多的了解，准确把握当前的创新创业社会大环境，引导学生选择正确的、适合自己的创业项目与方向。学生只有在创新创业政策的引领之下，才能提高创业成功的概率，并全身心投入有利于社会、国家发展而提倡的创业项目活动中。其次，一定要借助思政教育，引导学生坚定创新创业信念，而不是被迫、模仿他人来参与创业活动。在信念理想中涉及的内容比较多，学生作为社会主义建设者与接班人，一定要明确自己的人生理想追求，明确自己在创新创业活动中需要实现何种价值、达到何种目标。

第五章　高校大学生创业机会与创业风险

本章探讨大学生创业机会与创业风险，分别是大学生创业机会的评价与识别，大学生创业风险与防控。

第一节　高校大学生创业机会的评价与识别

一、影响大学生创业机会识别因素的分析

（一）个人层面影响创业机会识别的因素

1. 创业精神

创业精神，指创业者在创业过程中体验到的主观情绪和对优化配置资源创造价值的意向的强烈程度，是对创业态度最直接的体现。

创业机会的识别与创业精神之间存在着一种动态的激励关系，当环境中存在的以及被识别出的创业机会越多，创业者的创业精神则越强；何良兴等实证研究发现，积极的创业情绪对于创业者而言是极其重要的创业资源，对创业者的创业机会识别能力、创业行为等多方面起着正向作用。所以创业精神与创业机会识别之间是一种良性循环、相互促进的关系，创业机会的发现有利于增强大学生创业者的创业精神，创业精神的增强进而有助于激励大学生创业者对创业机会的挖掘。

2. 先验知识

先验知识，也称既有知识，指创业者拥有的关于市场、行业、技术、顾客需求等方面的知识或信息。

先验知识是影响创业者在同一创业环境下如何决策的重要变量，大部分创业者最终所识别出的创业机会与先前积累的专业知识以及工作经验呈现显著的相关性；创业者过去在相关行业工作、创业的经历及其在各种教育培训中积累的先验知识能有效帮助他们往后的创业尝试。这些丰裕的知识禀赋让他们更能在相关领

域，识别到他人难以发现的创业机会。因此，大学生在特定领域的经验和知识存量越多，则其成功识别的创业机会越可能与该领域相关，并且这些经验和知识会让他们更容易发现该领域内各契机的内在联系，优化资源整合，实现价值创造。

3. 创业警觉性

创业警觉性，指的是创业者处在创业环境中能够从生产技术、政府政策、产品市场、竞争形势变化等方面精准识别创业机会的洞悉能力。这无疑是个人层面上影响创业机会识别最受关注的因素，大量的学者都对创业警觉性进行了广泛的研究，保持对信息的敏感性是创业者识别创业机会的首要前提，不能成功识别创业机会的失败案例往往都是由于创业者缺乏创业警觉性；创业警觉性越高的创业者识别创业机会的能力越强。

然而，这种能够敏锐辨别创业机会的洞察力，并非创业成功者身上所携带的天然属性，而是由创业者通过开展创业或商业活动所积累的实践知识、价值信条和机会意识交互作用下形成的，其内在架构是创业者对创业环境复杂变化中产生警觉的认知逻辑和思维范式。实际上，具备创业警觉性的创业者会形成一套专门用于识别创业机会的概念网络，从而使其对创业机会的关键特征特别敏感，引导其注意力聚焦于各项独到、特殊的事物或信息流，在模糊的情境下激活概念网络并做出精确快速的评估，完成创业机会识别。研究人员进一步把创业警觉性分成反应警觉性、思维警觉性和感知警觉性三个部分，但其认为创业警觉性并非影响创业机会识别最核心的因素，而是在社会网络与创业机会识别两者的作用关系中充当中介部件，充当社会网络作用于创业机会识别能力的联系桥梁，间接影响大学生创业者的机会识别能力。

（二）环境层面影响创业机会识别的因素

1. 社会网络

社会网络，亦被一些研究者称之为社会资本，一直是研究影响创业机会识别在环境层面因素上的热点，其定义由于研究者的侧重点不同而难以统一。把社会网络视为是某一群体中特定个体的正式与非正式关系的集合；社会网络是存在于创业环境中的社会框架，创业者以这个框架为背景展开创业活动，从中获取创业资源、商业信息等各种要素，进而识别创业机会。

影响大学生创业者社会网络的三大因素为结构、规模、强度，其中结构影响创业机会的创新程度，规模影响可供识别的创业机会的基数，强度影响创业机会的可开发程度。大学生创业是一个不断重组社会网络的过程，大学生自身社会网络的联系越强,则其获得的识别创业机会的正向促进效益越大。大学生创业者重视结合自身所处阶段特征构建相吻合的动态社交网络,能有效提高其识别创业机会的能力。

2. 创业环境

需要强调的是,创业环境是一个宽泛的概念,如经典的五维度模型包含了复杂而细致的 28 个题项。因此,此处所指的创业环境从传统主流的观点出发,只包含创业者所处的社会经济环境与国家政府经济政策。

首先,社会经济环境主要是指整个社会宏观的经济形势。一个整体上行的经济背景意味着一个较好的经济发展前景,人们会更趋于运用手中的各项资源进行投资。在这一角度上大学生在创业融资、调动资源方面将受到创业机会资源丰盈的红利,更加容易获得支撑创业运行的资源。同时,卸下资源要素压力的创业者在识别创业机会的过程中会更容易产生大胆的想法,从而打破常规,创新要素间的有机联系。

其次,国家政府经济政策主要是指国家意志对社会经济关系在方方面面的约束和指示,其往往是社会经济发展的风向标。一些扶持创业、提供创业优惠的政策本身就是在为创业者指明创业方向,提供创业平台,如环保导向的政策催生出新能源汽车、共享单车等新产业;科技创新导向的政策促进了智能家居、物联网等新产业的发展;扶贫导向的政策推动了普惠金融、直播助农等新型创业模式。同理,国家政府经济政策中的优惠条款所带来的行政便利和生产补贴也将对大学生创业方向产生影响,引导其识别相关领域内的创业机会。

二、创业机会识别的评价

(一)创业机会评估框架

对创业者来说,关键在于如何能够从众多机会中寻找出有价值的创业机会,并采取快速行动来把握机会。

有"创业教育之父"之称的杰弗里·蒂蒙斯提出了备受推崇的创业机会评价框架[1]。其评价框架涉及行业和市场、经济因素、收获条件、竞争优势、个人标准、理想与现实的战略差异六个方向的 45 项指标(表 5-1-1)。

---

[1] (美)杰弗里·蒂蒙斯,小斯蒂芬·斯皮内利.创业学.6 版 [M].周伟民,吕长春译.北京:人民邮电出版社,2005.

表 5-1-1　创业机会评价框架

方向	指标
行业和市场	（1）市场容易识别，可以带来持续收入。 （2）顾客可以接受产品或服务，愿意为此付费。 （3）产品的附加价值高。 （4）产品对市场的影响力大。 （5）将要开发的产品生命力长久。 （6）项目所在的行业是新兴行业，竞争不完善。 （7）市场规模大，销售潜力在 1 000 万元到 10 亿元之间。 （8）市场成长率为 30%~50% 甚至更高。 （9）现有厂商的生产能力几乎饱和。 在五年内能占据市场的领导地位，届时市场占有率在 20% 以上。
经济因素	（1）达到盈亏平衡点所需要的时间为 1.5~2 年或更短。 （2）盈亏平衡点不会逐渐提高。 （3）投资回报率在 25% 以上。 （4）项目对资金的要求不是很大，能够获得融资。 （5）销售额的年增长率高于 15%。 （6）有良好的现金流量，能占到销售额的 20%~30% 或更多。 （7）能获得持久的毛利，毛利率在 40% 以上。 （8）能获得持久的税后利润，税后利润率超过 10%。 （9）资产集中程度低。 （10）运营资金不多，需求量是逐渐增加的。 研究开发工作对资金的要求不高。
收获条件	（1）项目带来的附加价值具有较高的战略意义。 （2）存在现有的或可预料的退出方式。 资本市场环境有利，可以实现资本的流动。
竞争优势	（1）固定成本和可变成本低。 （2）对成本、价格和销售的控制较高。 （3）已经获得或可以获得对专利所有权的保护。 （4）竞争对手尚未觉醒，竞争对手较弱。 （5）拥有专利或具有某种独占性。 （6）拥有发展良好的网络关系，容易获得合同。 拥有杰出的关键人员和管理团队。
个人标准	（1）个人目标与创业活动相符合。 （2）创业家渴望进行创业这种生活方式，而不只是为了赚大钱。 （3）创业家可以承担适当的风险。 创业家在压力下状态依然良好。

续表

方向	指标
理想与现实的战略差异	（1）想与现实情况相吻合。 （2）管理团队已经是最好的。 （3）在客户服务管理方面有很好的服务理念。 （4）所创办的事业顺应时代潮流。 所采用的技术具有突破性，不存在许多替代品或竞争对手。 （6）具备灵活的应变能力，能快速进行取舍。 （7）始终在寻找新的机会。 （8）定价与市场领先者几乎持平。 （9）能够获得销售渠道，或已经拥有现成的网络。 （10）能够允许失败。

（二）评价创业机会价值的方法

大卫·贝奇教授在《创业学》中提到了四种评价创业机会价值的方法：标准打分矩阵、平准化法、电位计法、Baty（贝蒂）的选择因素法。[①]

1. 标准打分矩阵

标准打分矩阵是准备创业者通过选择对创业机会成功有重要影响的因素，并由专家小组对每一个因素进行极好、好、一般三个等级的打分，最后求出每个因素在各个创业机会下的加权平均分，从而对不同的创业机会进行比较。

2. 平准化法

平准化法又称西屋法（Westing House system），实际上是用计算评价和比较各个机会的优先级，公式如下：

机会优先级 = 技术成功概率 × 商业成功概率 ×（价格 – 成本）× 投资生命周期

3. 电位计法

电位计法又称（Hanan Potentionmeter 法），可以通过让创业者填写针对不同因素的不同情况，以预先设定好权值的选项式问卷的方式来快捷地得到特定创业机会的成功潜力指标。对于每个因素来说，不同选项的得分可以为 -2 ~ 2 分。将所有因素得分汇总得到最后的分值，总分越高说明特定创业机会成功的潜力越高。只有那些最后得分高于 15 分的创业机会才值得创业者进行下一步的策划，低于 15 分的都应被淘汰。如表 5-1-2 所示，为 Hanan Potentionmeter 法评价表。

---

① （美）杰弗里·蒂蒙斯，小斯蒂芬·斯皮内利.创业学.6版[M].周伟民，吕长春译.北京：人民邮电出版社，2005.

表 5-1-2　Hanan Potentionmeter 法评价表

因素	分值（-2—2）
（1）对税前投资水平的贡献	
（2）预期的年销售额	
（3）生命周期中预期的成长阶段	
（4）从创业到销售额高速增长的预计时间	
（5）投资回报期	
（6）占有领先地位的潜力	
（7）商业周期的影响	
（8）为产品定制高价的潜力	
（9）进入市场的容易程度	
（10）市场试验的时间范围	
（11）对销售人员的要求	

4.Baty 的选择因素法

Baty 的选择因素法是指创业者通过对 11 个选择因素（表 5-1-3）的设定来对创业机会进行判断。如果某个创业机会只符合其中 6 个或更少的因素，那么该创业机会就很可能不可取；反之，创业机会就很大。

表 5-1-3　Baty 的选择因素法的 11 个因素

因素	是否符合
（1）这个创业机会在现阶段是否只有你一个人发现	
（2）初始的产品生产成本是否可以接受	
（3）初始的市场开发成本是否可以接受	
（4）产品是否具有高利润回报的潜力	
（5）是否可以预期产品投放市场和达到盈亏平衡点的时间	
（6）潜在的市场是否巨大	
（7）产品是否属于一个高速成长的产品家族中的第一个成员	
（8）是否拥有一些现成的初始客户	
（9）是否可以预期产品的开发成本和开发周期	
（10）是否处于一个成长中的行业	
（11）金融界是否能够理解你的产品和顾客对它的需求	

第二节　高校大学生创业风险与防控

大学生自主创业既是学生就业的选择，又是万众创业的新尝试。但创业并不是一蹴而就的，各项实践都会影响创业的成功。基于此，本节将重点分析高校大学生创业风险与防控。

一、大学生创业面临的风险类型

（一）法律风险

1. 企业合同法律风险

合同是企业开展经营活动无法避开的法律文书，在其订立、生效、履行、变更和转让、终止及违约责任的确定过程中，都可能存在无法执行的风险，尤其对创业初期的企业影响更为明显，会造成一定的利益损失。

2. 知识产权法律风险

国家对知识产权的重视程度越来越高，但不少大学生在创业中因未能做好知识产权保护工作，导致自己的创意、产品、设计等被人抄袭，或者在使用别人作品的时候没有做好相关的知识产权工作，导致出现知识产权法律风险，轻则影响业务开展，重则影响企业生存。

3. 盲目提供担保产生的法律风险

由于大学生进入社会时间较短，对人缺乏警惕性，轻易给人提供担保，当对方无法还债的情况下，导致自己需要承担相应的连带责任，使企业的信誉、资金等方面受损，影响了企业的发展和生存。

4. 劳务纠纷类法律风险

在企业管理过程中，与员工发生劳务纠纷也在所难免，在人员招聘的整个过程，如招聘、录用、劳动合同的签订、员工收入、福利、解聘等都会涉及相关的法律，如果不能够充分利用法律保护好双方的权益，会带来劳务纠纷，对企业的名誉和经济权益都会造成影响。

（二）财务风险

财务风险是指由于各种难以预料或控制的因素影响而导致企业蒙受经济损失的可能性。作为尚在读书的大学生，企业资金投入就是面临的第一大风险。此外，资金周转、利润收益等也是重要的风险来源。大学生创业面临的财务风险有其自身特点。一是资金来源具有单一性和薄弱性。主要靠家长资助或熟人帮扶，融资难且后续融资更难。二是资金使用缺乏规划性和合理性。资金使用时容易导致资金无法周转或链条断裂等风险。三是资金归属问题和管理问题存在矛盾性。大学生合作创业时多为熟人关系，不分你我，容易导致后期运营时出资人之间、管理者之间以及出资人和管理者之间出现职责和权利不清等问题。

另外，资金是保障企业正常运行的基础。大学生创业时大多没有太多的财务知识，对企业可能遇到的资金需求没有直观的感受。对于初创的企业而言，很多大学生创业者只计算了企业发展顺利情况下的资金需求，而缺乏对企业出现收入低于预期、计划外支出增加等风险的预判，这些风险对企业的发展产生致命的威胁，通过对失败的创业案例分析，发现大多失败的创业企业都是由于资金链紧张，而导致企业破产或影响企业规模的扩大。在创业的过程中，大学生创业者需要充分考虑资金的来源，建立相对稳定的银行贷款、民间融资等渠道，利用外来的风险投资、政府的创业补贴等留足备用资金，充分考虑到资金的流动情况，控制好发展规模，杜绝短期内的大规模扩张，采取各种可预见的方式，减少创业的资金风险。

（三）管理风险

大学生创业者有创业的冲劲以及知识、技术的优势，但在企业的管理、人力资源的配置、人员的沟通等方面普遍存在管理能力不足的问题，如果想创业成功，大学生不仅在资金、技术等方面需要做好准备，在经营管理方面也需要具备一定的技能。在大学期间就可以通过一些社团活动、社会兼职、虚拟开店等方式，锻炼管理才能，有意识地培养领导力和处理人际关系的能力。在大学生创业的过程中，在管理方面可能出现决策失误、沟通不畅、用人不当、经验不足等各种状况，很多情况都会影响企业的发展和成长，加之大学生创业者在资金、管理意识等方面存在问题，管理更容易出现问题，如对人员的管理方面，由于企业较小，多以人情去管理，当企业规模扩大后，就会出现各种管理的漏洞。

（四）项目风险

创业项目作为创业行为的起点，与洞察市场环境密不可分。大学生进行项目选择时往往凭兴趣或爱好，或跟风、盲从热门行业，或选择与自己专业相关项目。虽然有些项目在技术上有一定创新性，但由于创业者缺乏市场意识和判断；存在"想当然"思想，可能一开始就出现偏差的风险。加上他们对市场的瞬息万变和行业发展变化缺乏把控和分析能力，一旦产品或服务在市场上出现难以推销的情况，由于缺乏风险预判、决策和处理能力，创业就容易陷入运营困境和僵局。项目的定位往往影响创业的方向和走势，并且在运营过程中方向调整困难和成本较大，成为大学生创业失败的重要原因之一。

（五）市场风险

市场是大学生创业的容器和大环境。创业环境复杂多元、瞬息万变。从宏观来看，创业涉及社会、自然、政治、经济、人文等各种因素；正所谓"天时地利人和"缺一不可。这些因素中同时包含着影响创业项目选择和结果的众多变量和要素，并且相互作用并发生变化，难以全面准确把握。从微观来看，企业创建和运营的市场环境和行业因素在时间轴上呈现发展性和变化性，具有动态性特点，供求关系在市场规律作用下随时发生变化。身在象牙塔中学习和生活的大学生，没有经历过社会大风大浪和市场变化，对市场和客户需求存在片面、模糊的认识，对竞争对手缺乏翔实的调研和真实了解，往往处在盲目自信的虚构中，在创业过程中具有极大风险性。

（六）团队风险

团队是一种为了实现某一目标而由互相协调依赖并共同承担责任的个体所组成的正式群体。团队成员需要良好的协作、互补、分享和承担。大学生创业面临团队风险，主要原因在于大学生创业启动时团队成员选择的随意性和团队管理的"无规则性"。他们在创业时往往偏好将身边有意向创业或者关系较好的同学、朋友拉入创业团队。团队内部容易出现组织结构不合理、个人利益和企业目标不一致、管理者权威不足、管理制度不健全、成员分工不清晰、职责不明确、利益分配不均等问题，因而很容易造成团队内部决策矛盾、执行矛盾及利益矛盾，使企业面临团队解散的问题甚至间接导致企业破产。

二、大学生创业风险的原因分析

（一）大学生创业意志和创业耐挫力有待提高

创业是一个长期的艰苦过程，需要创业者有坚强的意志和耐挫力。创业耐挫力指的是创业者面对创业挫折时所表现出的坚韧、乐观等积极的心理状态，以及在创业失败时能攻坚克难，消除创业受挫所产生的消极影响的能力。创业意志和创业耐受力是影响创业者创业是否成功的重要心理特征。然而，大学生创业者中的一些个体往往体现出如下特征：创业过程中独立性较差，没有主见，在创业过程中容易动摇；创业过程中缺乏信心，易于改变创业目标或方向；创业中面临各种选择时优柔寡断，对自身情绪的控制力不够；遇到挫折时容易意志消沉，采取消极应对策略。

（二）大学生创业融资难

缺乏启动资金、融资困难是大学生创业过程中首先遇到的问题。网络创业项目的启动资金往往较高，是大学生本身无法承担的。大学生创业的资金主要依赖于融资，而融资的渠道主要有：从亲朋好友筹资，团队成员筹资，银行贷款和风险投资。大部分大学生创业项目很难获得银行贷款和风险投资。从亲朋好友或团队成员筹资往往筹集的资金较少，不能达到创业启动资金的要求。因此，部分大学生创业者选择通过网络信贷平台的小额信用贷款来筹集创业资金。然而这种贷款一方面实际贷款利率较高，贷款金额较少；另一方面存在各种政策风险和操作风险。当企业创办成功后，企业运作的每时每刻都需要资金运作，融资渠道不畅容易导致创业失败。

（三）大学生经验不足，创业项目缺乏市场考量

由于大学生创业者所具备的创业知识大多来自于大学课程，理论性较强，而实践经验不足。大学生创业所选择的项目往往基于自己的兴趣爱好。而大学生创业者往往对这些项目的可行性缺乏相对应的市场调查分析，或者只是进行了简单的市场调查，缺乏对创业项目的实时性、地域性、竞争性等方面的深入分析。在没有确切清楚市场需求的情况下盲目进行创业，从而导致创业项目缺乏市场性。此外，在新形势下很多大学生的创业项目来源于网络平台或社交媒体。比如，有的大学生创业钟情于"网红项目"，而这些"网红项目"往往通过直播或短视频的方式开展，涉猎的内容虽然多种多样，但项目的内容依旧同质化严重。同质化的创业项目往往导致缺乏市场。

（四）大学生创业能力不足

一般来说，大学生由于缺乏实际工作经验，在创业过程中缺少相对应的实践能力，特别是缺乏对企业的经营和管理能力。比如，大部分大学生在创业时缺乏领导团队的能力，缺乏管理和激励员工的能力，缺乏开拓市场的能力，缺乏企业经营过程中对相关产品、营销、品牌、财务、客户管理能力。而这些能力的缺失往往导致企业经营的困难，甚至失败。

三、大学生创业风险的防范路径

下面主要通过法律风险、财务风险、项目风险三个常见的大学生创业风险的防范路径展开论述。

（一）法律风险

1. 法律风险发生的原因

大学生在创业的过程当中，之所以会遇到法律风险问题，归根结底是因为其自身缺乏一定的法律风险防范意识。大部分学生在进行创业的过程当中，并没有将大部分的精力放在了解创业法律法规方面，进而导致大学生在创业的过程当中，很容易由于合同违约纠纷或者是合同诈骗等情况造成损失。许多大学生在刚刚接触社会的过程当中，面临创业当中的诱惑时很难坚定自我，并且没有对与创业相关的法律法规进行充分了解，进而导致无法及时解决在创业当中所遇到的问题。

大学生在大学期间所接受到的法律法规教育会直接影响到大学生在面对创业风险时，是否可以积极应对。大学生创业法律风险的形成原因可以分为两个部分，一部分是外在因素及社会当中的诱惑以及校园内的法律法规教学；另外一个部分则是学生自身的法律意识。这两个部分都会直接影响大学生在创业过程中遇到法律风险时是否可以及时解决，避免创业失败。除去大学生自身法律观念薄弱以及教学中所涉及的相关内容较少以外，许多大学的校园创业教育难以从根本上满足大学生的求职需求。许多创业教师在进行教学的过程当中，并没有对与创业有关的法律法规进行充分的了解，甚至部分教师没有企业工作经历，仅仅是通过创业教学培训之后，便开始对大学生进行授课，进而导致创业课的教学内容过于死板，很难真正满足大学生的学习需求。这也就要求大学生在进行创业的过程中，应当提升自身的法律防范意识，并且学会利用法律武器，积极维护自身的合法权益。

2. 法律风险防范途径

（1）政府层面

①完善大学生创业保障体系

想要从根本上提高大学生创业成功率，就需要对大学生创业保障体系进行完善。在当今社会中已经形成了一定的保障大学生创业的体系，但这些体系并不能满足大学生日益增长的创业需求，这就需要有关部门在明确大学生创业权利与义务的过程当中，积极完善对于大学生创业法律的保障体系。各地政府与大学生创业者之间应当构建起良好的沟通桥梁，在确保大学生创业合法性的基础上对大学生创业保障体系进行完善。社会上的创业园区以及孵化园区等为大学生提供的创业基地，可以在为学生提供大量社会实践机会的同时，定期举办商业洽谈会对大学生创业进行正确指导。

除此之外，各地政府可以通过不断消除创业福利屏障，减轻大学生在创业过程中可能遇到的心理压力，同时达到降低大学生心理成本，提高大学生创业成功率。与此同时，大学生在创业失败之后，确保其可以按照社会上的最低工资标准，向有关机构申请创业失败补贴。也就是说，相关机构在完善大学生创业保障体系的过程当中应当从两个方面入手，一方面是不断优化大学内的创业人才培养方案；另一方面是尽可能地构建较为完善的创业师资团队。通过优化创业人才培养方案，可以引导大学生在掌握相关专业知识的同时，增强自身的实践能力，尽可能地实现创业教育的全面覆盖。良好的师资团队可以为大学生提供十分充足的实践经验，进而引导学生在创业的过程中正确利用自身的优势并规避缺陷，选择最为合适的创业方向。教师在对学生进行创业教育的过程中，应当充分尊重学生的身心发展规律，并且结合学生的未来发展方向对其针对性的培养。也就是说在教学的过程当中，应当建立动态的评价机制，对学生的创业能力进行多方面的培养及评价，提高创业教育教学效率，为大学生创业保障体系的完善打下坚实的基础。

②营造法律化的创业环境

大学生创业失败归根结底是由于社会中的创业环境法律性不足，在经济法视域下加大大学生创业法律风险防范力度，应当尽可能地营造法律化的创业环境，进而提高大学生创业成功率。在营造法律化创业环境过程中，可以在大学生创业组织当中构建一定的互动沟通群，引导大学生在这样的平台内对自身遇到的困难，相互交流，找到克服困难的最佳方法。

大部分大学生在创业初期的企业规模较小，同时拥有较少的资金，因此社会上的相关机构可以针对大学生创办的小型企业以及微型企业实行一定的税收优惠政策，并且可以为这些大学生创业者提供专业的税务服务，尽可能地降低大学生在创业过程中的创业成本以及资金成本，给予大学生充分的资金支持。但由于大部分大学生的法律意识淡薄，相关政府部门应当为大学生提供法律服务。

（2）高校层面

①加强对大学生的法律普及

各大院校要加大对大学生的法律普及力度，完善大学生法律教育课程体系，在对大学生创业指导的过程中，引导大学生树立正确的法律观念。在完善大学生法律教育课程体系中，应当为大学生选择针对性极强并且具有一定的合理性的课程，并且将所设置的法律教育课程作为大学生的必修课，同时应当增加创业教育以及法律教育课程的学分占比，以此提高大学生的重视程度。在培养大学生法律意识的过程中，应当充分加强大学生的实践能力培养，教师可以创设一定的教学活动来加大学生对知识的掌握力度。在对学生进行教学的过程中，教师可以围绕我国《合伙企业法》《个人独资企业法》以及《劳动合作法》等对大学生展开法律教学，尽可能地帮助大学生避免在创业过程中可能遇到的法律问题。除此之外，教师应当学会根据不同的法律内容，对学生进行差异化讲解，尽可能地为大学生打下良好的法律基础，从而降低大学生在创业过程中遇到的风险。

②构建专业的创业法律风险教学团队

构建专业的创业法律风险防范教学团队是提高大学生创业成功率的根本途径，这就需要各大院校在招聘创业教师的过程中，选择综合素质较高并且对相关法律有一定了解的应聘者。在传统的教学模式中，教师往往是根据其他学科的教学经验展开创业教学，但创业教学的根本目的是培养学生的创业意识，进而增强学生的风险防范意识。许多教师认为，对于学生讲创业风险教学属于"无中生有"，所以在教学的时候没有将全部精力投入到教学工作中。因此，各大院校应当建立较为完善的创业法律风险防范教学团队，在教师招聘之初就应当招聘专业素质以及实践能力较高的教师。

③完善创业风险教学评价体系

教学评价体系不仅是针对教师，同时也应当针对学生。在传统的创业风险防范教学考核当中，对于学生最终的考核方式仅仅是通过试卷进行考核，这种考核方式过于单一，无法充分了解学生对于创业风险防范教学的掌握程度。在完善创业风险教学学生评价体系的过程中，应当适当完善学生考核方式，可以根据相关的创业风险教学内容，为学生设置一定的创业情境，并由学生在情境中完成作答。这样可以充分考核当学生面临创业风险时的解决方式，可以在加强考试严谨性的同时，增加学生对这门课的重视程度。在完善创业风险教师教学评价体系的过程中，各大院校可以利用互联网技术构建教学评价页面，学生可以在每个学期末通过评价页面对教师的教学水平进行评价。在教师评价体系当中，可以引导学生对教师的教学水平、教学态度以及教学内容进行综合评价，并且可以在页面当中阐述对于教师教学的意见或者是建议。这样不仅可以令院校了解到教师真实的教学水平，还可以从侧面拓宽学生的教学活动参与度，激发学生的学习兴趣。

（3）学生层面

①树立良好的自我法律风险防范意识

首先，大学生要树立良好的法律风险防范意识，在创业过程中，大学生是主体单位，也是创业法律风险防范的主体。所以大学生在这一过程中一定要发挥自身的主观能动性，自觉增强法律意识，将法律法规内化于心，树立正确的创业法律风险观念，在创业实践中遵行相关法律法规，合规合法地开展创业活动。

其次，大学生在创业实践中要时刻注意法律风险及问题的发生。大学生应主动了解与创业活动相关的经济法规，结合创业活动来深入思考，以此来有效识别创业过程中可能遇到的法律风险及问题，并运用法律知识来有效解决法律纠纷，保障创业活动的合法权益。

②熟知与创业相关的法律制度与知识

大学生要在创业过程中不断学习和丰富法律知识，法律知识体系涉及面广泛，牵涉内容较多，所以大学生只有结合创业实践，不断学习经济法知识，熟悉相关法律法规，这样才能为大学生创业提供行为的依据和利益的保障。

首先，大学生要积极学习法律知识，不仅要了解与创业活动相关的经济方面的法律知识内容，还要熟悉市场经济的法律规制，知法、懂法与守法，要在创业活动中合理约束自身行为，同时利用法律保护好自己的合法权益。

其次，大学生结合身边的创业就业、经营管理、民主纠纷、婚姻财产等法治案例与实务，寻找解决这些事件的法律依据，并着重以创业为出发点，寻找创业所需要用到的《劳动法》《劳动合同法》《知识产权法》以及《企业法》等专门法在创业过程中的具体要求，模拟创业活动中的法律践行过程，为创业活动打下坚实的法律基础。

③在创业活动中提升法律维权的实践能力

大学生在创业中还要进一步加强关于经济法的实践运用能力，能够有效运用法律武器来解决法律纠纷，应对法律风险，保障自身权益，从而促进创业活动的有效开展。

首先，应完善学校教育与创业实践的结合。高校对当代大学生的创业法律风险防范应当采用更加丰富多彩的实践形式，从多个方面有效增强大学生创业法律风险的防范意识。学校可以举办一些法律事务活动，比如创业法律风险知识竞赛、模拟法庭等活动，让大学生实际参与体验，加深对创业法律知识的理解程度，同时加强自身对创业法律风险的防范意识，并通过实践练习提升大学生应对创业法律风险的实践能力。

其次，要重点强化创业教育理论与法治实践的结合。只有不断强化创业教育理论与法治实践的有效结合，这样在法治实践过程中，才能把理论学习充分在创业过程中进行运用。关于创业教育理论与法治实践结合的措施主要涉及以下三个方面：一是大学生要积极主动地自主开展法治实践，利用课余时间，参加社会法律实践，比如去律师事务所实习，或者去法律援助中心锻炼，以此来加深自己对相关法律知识的理解，并提高运用法律知识解决实际问题的能力。二是在生活的各个方面都要学会用法律来维护自身权益，比如买到假冒伪劣商品时，就要运用消费者权益保护法来维护自身权益；再比如自身名誉受到侵犯时，也要勇敢地同不法分子进行斗争。这样通过长期的法治实践与锻炼，会不断增强大学生对法治实践的认知及运用能力，并能增强创业法律风险防范能力。三是要在生活中不断学习和践行法律。法律内容涉及面广泛，大学生要利用课余时间积极地学习法律知识，并在生活的各个方面自觉遵守法律，践行法律，合规合法地开展创业经济活动，为社会主义法治社会的建设贡献自己的力量。

最后，提升大学生在创业过程中对法律的运用能力。大学生创业者基于自身对经济法知识的深入学习与理解，在创业实践中要不断加强自身用法能力，面对法律纠纷及风险问题时，第一时间要采取相关法律手段来保护自身合法权益，在法律面前不能退缩，也不能逃避，不断培养并提升自己的用法实践能力。结合到创业实践中，大学生创业者要树立法制观念，积极运用创业相关法律知识去解决创业活动中产生的法律纠纷，主动用自己所学的法律知识来维护合法权益，有效保障自身创业活动的有序开展和稳步推进。

（二）财务风险

为降低企业的财务风险，促进财务的健康发展，进而提高大学生创业的成功率，可以采取以下对策。

1. 充分利用政府的创业政策

为了调动大学生创业的积极性，国家及各级政府出台了一系列的优惠政策和激励措施。例如，培训、融资、注册以及税务等，各个方面皆有涉及。然而，对于大学生来说，如何最优化地利用这些优惠政策才是创业是否成功的关键所在。充分利用国家对大学生创业的优惠政策，将其与企业自身结合起来，可以有效减轻企业自身财务负担，将更多的时间、精力集中在产品的研发和服务的改进上。以镇江市政府为例：首先，多方面免征，镇江市政府部门对新兴企业，在注册之日起三年内可以免交注册、执照、管理等各项行政事业性收费；其次，减少营业税、所得税和行政费用的征收，对从事国家非限制或禁止的行业，并且符合小微型企业条件的企业，在征收企业所得税时，可以按减20%的税率征收。这些政策都为初创企业减轻了负担，创业者应充分学习与利用这些政策。

2.加强企业资金管理、成本管理

首先,创业人员需要做好资金预算。创业初期,由于企业自身的经营时间不够长,无法完全根据本企业的历史情况做出未来预算,可以参照同行业其他企业的历史情况来制定未来预算。因此,财务人员应该多参考同行业以及同类企业在公司起步阶段的资金使用情况和预算情况,考虑其所在公司发展策略与某一会计期间的预计业务量,制定出可靠的财务预算报表和发展策略。由于大学生缺少实践经验,不能准确地做出未来一年的预算,为避免影响企业目前的经营状况,建议财务部门负责人先从一个季度或半年的预算入手,并结合实际情况调整原始财务预算报表,在不断调整中使其与实际数据相接近。同时,在每个会计期间结束后,财务部门负责人应该及时跟踪、反馈和评估预算完成情况并从中吸取经验教训,为下次财务预算提供可靠经验。其次,加强成本管理。如果对成本管理知识欠缺,管理者就不能有效地控制成本在各方面支出,从而会导致收入负增长。初创公司的运营成本主要由采购与销售成本和人工成本构成。采购成本的管理重点在于通过比较工厂或网络等多个采购渠道,清楚地了解每种产品的市场销售价格、原材料进货价格和质量,并从中选出能用最少的钱获取最大利润的产品,以此降低企业的采购成本。在购买材料过程中,还需要严格把控库存量,以防止因为囤积过多材料阻碍资金周转,进而产生财务风险。同时,初创企业还需建立严格的账款结算制度,降低资金的流动性和利息支出的百分比,从而降低资金回收的风险。

3.学习基本的财务知识

企业若想健康地发展,科学地进行筹资、投资、融资和运营等活动是十分必要的,但这些都离不开基础的财务管理知识。虽然他们的创业团队中可能有相关专业的学生,但那也只是少数并且缺乏实际操作经验。所以,聘请管理经验丰富的财务人员就显得尤为重要。然而,在创业初期大学生创业者资金格外紧张的情况下,这一举措似乎是纸上谈兵。所以,了解基本的财务管理知识对管理者或财务负责人来说都是极有必要的。

(三)项目风险

针对大学生创业活动中定位不清、盲目加入、过于理想化引起的项目风险问题,大学生群体在创业活动中要进行深入的市场研究和调查,对创业项目进行科学定位。具体来说,第一,大学生要结合自己的专业优势和兴趣爱好对市场情况进行研究,选择创业的领域和方向。在确定方向的过程中,大学生要对行业特点和消费人群进行调查，如果发现市场饱和度太高，就要及时停止，避免盲目扎堆造成同质化现象。第二，要对产品进行合理定位，本着差异化竞争的原则，突出自己的品牌优势和产品特点。比较有名的创业例子就是凡客诚品，这一品牌主要的目标受众是时尚青年男女，商品价格低廉，质量中等，其从创立以来就结合了豆瓣、大众点评等网络软件，突出了文艺小资的品牌特性。只有具备清晰的创业方向和产品定位，才能获得目标受众的资金支持。大学生普遍生活在高校象牙塔，还没有感受到社会真实生活的节奏和压力，建议大学生创业群体走出校园参与社会实践，对目标客户的群体需求进行深入查访。

第六章　新企业的开办与管理

本章为新企业的开办与管理，主要通过新企业的开办、新企业的管理两个部分对新企业开办的注册流程，以及新企业开办成功后的管理要点进行了介绍，详细分析了新企业人力资源管理、资金管理、成本管理的常见问题及对策。

第一节　新企业的开办

一、企业组织形式的选择

（一）大学生创业可以选择的企业形式及其特点

大学生进行创业，首先应当根据资金规模、所处行业相关要求、合作伙伴等情况成立创业组织并进行工商登记，这就需要进行创业组织开始的选择。创业组织包括法人和非法人，通常包括个人独资企业、合伙企业和公司制企业三种类型。

1. 非法人组织

（1）个人独资企业

单独的自然人即可设立个人独资企业，且设立条件和设立程序简单，较公司而言，不需准备公司章程也不要求设立相应的组织机构。

个人独资企业规模较小，设立条件较为宽松，设立程序较简便，进入或退出市场较灵活，只需要缴纳个人所得税；在责任承担方面，因个人独资企业不具备法人资格，投资者对企业债务承担连带责任加重了投资人的风险。

（2）合伙企业

合伙企业是由全体合伙人订立合伙协议，共同出资、合伙经营、共享收益、共担风险，并对合伙企业债务承担无限连带责任的营利性组织，合伙企业作为人合企业，它完全建立在合伙人相互信赖的基础上，所以很多投资者会选择和同学朋友一起开设合伙企业。

合伙企业的资本来源比个人独资企业广泛，可以充分发挥企业和合伙人的力量，由于合伙人共同承担经营风险和责任，合伙企业的风险和责任相对个人独资企业分散一些，法律对于合伙企业不作为一个统一的纳税单位征收所得税，因此合伙人只需将从合伙企业分得的利润与其他个人收入汇缴一次所得税即可，由于法律对合伙关系的限制较少，在经营管理上具有较大的自主性和灵活性，每个合伙人都有权参与企业的经营管理工作，这与股东对公司的管理权利不同，相对于公司而言，合伙企业的资金来源和企业信用能力有限，不能发行股票和债券，这使得合伙企业的规模不可能太大，合伙人的责任比股东的责任要大得多，合伙人之间的连带责任加重了合伙人的风险，合伙企业具有浓重的人合性，任何一个合伙人破产、死亡或退伙都有可能导致合伙企业解散，因而其存续期间不可能太长。

2. 公司制企业

（1）有限责任公司

《公司法》规定，有限责任公司由 50 个以下的股东出资设立，对股东人数没有规定下限，既可以是自然人，也可以是法人，经过订立公司章程、股东缴纳出资可以申请设立登记。

有限责任公司属于法人企业，股东以其认缴的出资额为限对公司承担责任，根据《公司法》规定：股东可以用货币、实物、知识产权、土地使用权等非货币性资产作价出资，出资额没有限制，有限责任公司的组织机构有股东会、董事会、监事会，如果股东人数较少或者规模较小的，可以设 1 名执行董事，不设立董事会，设 1~2 名监事，不设立监事会。根据《企业所得税法》规定：法人企业按照应纳税所得额的 25% 缴纳企业所得税，符合条件的小型微利企业（年应纳税所得额不超过 100 万的部分）减按 5% 的税率征收，超过 100 万但低于 300 万的部分减按 10% 征收。

股东只有一个自然人或者一个法人的公司为一人有限责任公司，是有限责任公司的特殊类型，一人公司的组织机构更为精简，大部分内容适用有限责任公司的相关规定，其区别于有限责任公司之处在于若股东无法有效区分自身财产与公司财产的，股东应当对公司债务承担连带责任。

3. 各种企业组织形式的比较

企业的组织形式，每一种都有利有弊，现将各种企业的组织形式的比较归纳如表 6-1-1 所示。

表 6-1-1　各种企业组织形式的比较

组织形式	优势	劣势
个人独资企业	（1）企业设立、转让和解散等行为手续简单，仅向登记机关登记即可，且费用低。 （2）创业者拥有对企业的控制权。 （3）企业经营灵活性强，可迅速对市场变化做出反应。 （4）利润归创业者所有，无须与他人分享。 （5）只需缴纳个人所得税，无须双重纳税。 （6）在技术和经费方面易于保密。	（1）创业者承担无限责任。 （2）不易从企业外部获得信用资金，筹资困难。 （3）企业寿命有限，容易随着创业者的退出而消亡。 （4）企业的成功更多地依赖创业者的个人能力。 （5）创业者投资的流动性低。
合伙企业	（1）企业设立较简单和容易，费用低。 （2）企业经营具有高度的灵活性。 （3）企业资金来源较广，信用度较高。 （4）企业拥有一个整体团队的能力。	（1）合伙人承担无限连带责任。 （2）财产转让困难。 （3）融资能力有限，企业规模受限。 （4）企业往往因关键合伙人的意外或退出而解散。 （5）当合伙人对企业经营有分歧时，决策困难。
有限责任公司	（1）股东对公司只承担有限责任，风险小。 （2）公司具有独立寿命，易于存续。 （3）公司所有权与经营权分离，聘任经理人管理，更能适应市场竞争。 （4）以出资人的出资额为限承担公司的经营风险。 （5）促使公司形成有效的治理结构。 （6）多元化产权结构有利于科学决策。 （7）可吸纳多个投资人，便于促进资本集中。	（1）公司设立程序比较复杂，费用较高。 （2）税收负担较重，存在双重纳税问题。 （3）不能公开发行股票，筹集资金的规模与渠道受限。 （4）产权不能充分流动，资产运作受限。
一人有限责任公司	（1）设立比较便捷。 （2）运营与管理成本较低。	（1）公司运营较困难。 （2）筹资能力受限。 （3）缺乏信用体系。 （4）财务审计条件较为严格。

续表

组织形式	优势	劣势
股份有限公司	（1）股东只承担有限责任，风险小。 （2）公司具有独立寿命，易于存续。 （3）公司产权可以股票形式充分流动。 （4）可聘任职业经理人管理，管理水平较高。 （5）筹资能力强。	（1）公司创立程序复杂，费用高。 （2）税收负担较重，存在双重纳税问题。 （3）政府限制较多，法规要求比较严格。 （4）公司要定期报告财务状况，这使得公司的相关事务不能严格保密。

各种企业组织形式没有绝对的好与坏之分，对创业者而言，需要考虑的是选择哪种企业组织形式更有利于创业企业的生存与发展。

（二）大学生创业选择企业形式的建议

以上企业形式都有专门的法律进行保护，法人企业适用《公司法》，非法人企业适用《个人独资企业法》和《合伙企业法》。在出资方面，所有企业都可以用货币、实物、知识产权等作为出资方式。在事务管理方面，公司可以设立股东会、董事会、监事会，按照法定职权和公司章程商定管理公司事务，个人独资企业的出资人可以自行管理企业事务，合伙企业的合伙人可以按照合伙协议商定管理合伙企业事务，鉴于创业企业初期规模小、风险大、资金有限等特点，针对以下几个方面提出相关建议。

1. 责任的角度

公司是法人企业，股东以认缴的出资额为限承担法律责任，个人独资企业和合伙企业属于非法人企业，投资者对企业债务承担连带责任，大学生创业时可以根据创业的具体情况来进行选择，如果是风险较高的行业可以选择采取公司制企业形式，风险较低的行业可以选择非法人企业，鉴于大学生创业的风险普遍较高，从投资者承担责任的角度考虑，建议选择公司制企业。

2. 税务的角度

从税负角度来考虑，在增值税方面，无论法人制还是非法人制的企业，其增值税存在如下优惠政策，即每季度收入金额低于30万元的，可予免征增值税；在所得税方面，个人独资企业和合伙企业，产生的所得仅需按照生产经营所得适用5%~35%的超额累进税率计算缴纳个人所得税，与生产经营相关的合理费用也均可以在个人所得税前扣除，并且多数个人独资企业由于规模较小，并无财务核算基础，可适用于核定征收的方式，税负率仅为3%左右。

公司制企业当年度所得，需要先按照规定缴纳 25% 的企业所得税，随后，在向个人分红时还需要按照 20% 的股息红利所得缴纳个人所得税，税负率较高。此外，是否注册为公司制企业，还应当考虑下游客户的发票需求，客户是否为一般纳税人，是否需要为其开具增值税专用发票，若有该类考虑，则设立公司制企业较为合适，否则，公司制企业在企业规模不大的情况下，面临着双重征税的问题，税负率相对较高。

3. 法律风险的角度

企业设立时面临的法律风险主要体现为出资的瑕疵及企业面临债务追索时的责任承担。

若设立的非法人制企业，企业所有权人由于需要对企业的经营承担无限连带责任，切不可盲目扩张以及负债经营，否则可能因承担连带责任而加大自身风险。

若设立的是公司制企业，可能存在出资瑕疵的问题，如出资不实或抽逃出资的情况较为常见。对于出资不实问题，通常表现为错误估计实物出资的价值，导致出资的实物明显低于出资者认缴的出资金额；对于抽逃出资问题，主要是由于公众的法律意识并未十分清楚，认为公司都是老板个人的，老板从公司取钱是天经地义的事情。但其实这么做，是忽略了公司作为法人主体的存在意义。因此，对于设立的公司制企业，需要注意将公司财产与个人财产做严格区分，不可将公司财产与个人财产相混同。特别是当公司发生资不抵债时，所有股东需要在瑕疵出资股东出资不足的范围内对公司的债务承担连带责任，瑕疵出资股东不但要在出资不实的范围内对公司债务承担责任，还可能需要对其他股东承担违约责任。对于抽逃出资的股东而言，情节严重的，还可能会被追究刑事责任。

因此，针对上述情况，设立公司制企业时应当对实物出资寻找专业的评估机构对实物价值进行如实评估；同时，针对注入公司的资金，应当严格区分个人账户和公司账户，严格执行公司经营性往来款项只汇入公司账户绝不汇入个人账户的规定，保证个人日常生活用度绝不从公司账户支出，从而有效避免财产混同的法律风险。

二、企业工商登记注册流程

创办一家合法企业，必须经过一系列的法定程序。虽然从 2016 年 10 月 1 日起，国家工商总局施行"一表申请、一窗受理、并联审批、一份证照"的审批模式，将营业执照、税务登记证、社保登记证、统计登记证和组织机构代码证实行了"五证合一",极大地提高了登记注册的效率,加之很多中介平台可以提供代办服务,这个环节看起来似乎很简单,但新创企业真正要顺利拿到这张"身份证",创业者们还是要经历一番心路历程。根据我国相关法律法规的规定,创办一家合法企业,原则上要经过七个步骤。

(一)选择新创企业适合的法律形式

新创企业一般规模较小,抗风险能力较弱,以下四种法律形式较为适用:个体工商户、个人独资企业、合伙企业、有限责任公司。

1. 不同法律形式适用法律及企业类型参考

选择组织形式标志着创业从构想到实践迈出了第一步,一家新创企业应当根据国家相关法律法规要求及新创企业的实际情况,客观科学地选择一种适合自身的法律形式,如表6-1-2所示,给出了一些适用参考。

表6-1-2 不同法律形式适用法律及企业类型

法律形式	细分类型	法律依据	适用参考
个体工商户	个人经营 家庭经营	《个体工商户条例》	饭店、超市、奶茶铺、幼托机构、婚姻介绍所
个人独资企业	个人独资	《个人独资企业法》	服务行业、管理咨询、营销策划、建筑设计、技术服务、会议展览、各类设计服务类型的企业等
合伙企业	普通合伙 有限合伙	《合伙企业法》	律师事务所、会计师事务所和咨询类企业等
有限责任公司	普通有限 一人有限	《公司法》	通用

2. 不同法律形式的利弊

(1)个体工商户

①规模较小,不得开设分支机构。②有税收优势,可以采用核定征收,对某些特殊人群还可以减征免征。③不具有法人资格,主要适合以家庭成员为主进行经营,具有一定的封闭性,有很多限制,市场竞争力不强。④对债务承担无限责任。

(2)个人独资企业

①资产所有权、经营权、控制权以及收益权高度统一、灵活便捷。②免交企业所得税,税收适用个体工商户生产经营所得。③可以设置分支机构,连锁经营;投资人以其个人财产对企业债务承担无限责任。

（3）合伙企业

①合伙企业在税收和融资方面具有优势。②合伙企业征缴个人所得税，采用先分后税的原则，多地采用较低税率核定征收。③普通合伙企业因为承担无限连带责任，其业务发展范围也受到较大限制。

（4）有限责任公司

①可以是一人投资，也可以是多人投资，投资金额可高可低。②承担有限责任，容易规避投资者资金风险。③方便扩张，可以开设分公司。④公司制因其独立的法人地位及规范的管理运营，在筹资发展方面具有天然的优势。⑤缴纳企业所得税，相对个人所得税，税率较高，但大学生创业有政策支持。

（二）取得行政许可

以大学生创业较为常见的有限责任公司为例，根据《中华人民共和国企业法人登记管理条例》规定，工商登记注册之前还需要办理企业资质许可证。

企业资质是企业从事某种行业经营应该具有的资格及质量等级标准，是工商登记注册的前置程序。资质是企业合法持续经营、证明企业竞争力、影响企业发展命运的关键因素之一，应受到企业主的高度重视。新创企业可参照《国民经济行业分类》根据具体需要自主选择一项或多项经营项目作为经营范围，并到当地相关行政部门申请取得资质许可。如注册旅行社前需要到文旅局申办旅行社业务经营许可证；注册烟酒行需要到烟草专卖局申办烟草专卖零售许可证；开展互联网多媒体业务需要取得网络文化经营许可证等。

（三）公司取名核名

根据《企业名称登记管理规定》（下称《规定》），企业名称经工商行政管理局核准登记注册后，在规定的范围内享有专用权，无特殊原因，在一年内不得申请变更。很多初创业的企业主往往怀揣着满腔的热情，想给自己的企业取一个好听有内涵的名字，但是，几轮核名下来却都没能审核通过。出现这种问题，是因为企业主没有搞清公司取名的相关规定，其实，公司取名也是有章可循的，一般可以采用四要素公式法。

1. 行政区划

《规定》要求，企业名称应当冠以企业所在地省（自治区、直辖市）或者市（州）或者县（市辖区）行政区划名称。但是我们也经常看到使用"中国""中华"，冠以"国际""全国""国家"，或不冠以企业所在地行政区划名称的企业名称。

这类企业一般为全国性企业、大型企业集团、老字号或外商投资企业，如中国石油天然气、国家电网、阿里巴巴网络技术有限公司，需经国家工商行政管理局核准或核定，在全国范围内，同行业企业名称不得相同或近似。

2. 字号

企业字号应当由两个以上的字组成。可以用县级以下行政区划的本地或者异地地名作字号，私营企业可以使用投资人姓名作字号。但根据《条例》规定，企业名称中文字的使用需要注意，企业名称不可以含有下列内容和文字。

第一，有损于国家、社会公共利益的。第二，可能对公众造成欺骗或者误解的。第三，外国国家（地区）名称、国际组织名称。第四，政党名称、党政军机关名称、群众组织名称、社会团体名称及部队番号。第五，汉语拼音字母（外文名称中使用的除外）、数。第六，其他法律、行政法规规定禁止的。

3. 行业

企业名称中的行业表述应当是反映企业经济活动性质、所属国民经济行业或者企业经营特点的用语。名称中的行业特点应与主营行业一致。企业经营活动性质分别属于国民经济行业不同大类的，应当选择主要经济活动性质所属的国民经济行业类别来表述企业名称中的行业。

4. 组织形式

依据《中华人民共和国公司法》《中华人民共和国中外合资经营企业法》《中华人民共和国中外合作经营企业法》《中华人民共和国外资企业法》申请登记的企业名称，其组织形式为有限公司（有限责任公司）或者股份有限公司；依据其他法律、法规申请登记的企业名称（如合伙企业、个人独资企业等），组织形式不得申请为"有限公司（有限责任公司）"或"股份有限公司"；非公司制企业可以申请"厂""店""步"等作为企业名称的组织形式。

5. 新企业名称核准的流程

设立公司应当申请名称预先核准。申请名称预先核准，应当提交下列文件：有限责任公司的全体股东或者股份有限公司的全体发起人签署的公司名称预先核准申请书；全体股东或者发起人指定代表或者共同委托代理人的证明；国家工商行政管理总局规定要求提交的其他文件。

企业名称经核准后，企业要遵照《企业名称登记管理规定》和《企业名称登记管理实施办法》，到工商行政管理部门申请注册，非经工商行政管理机关核准的企业名称不受法律保护。国家工商行政管理局和地方各级工商行政管理局是企业名称的登记管理机关，登记主管机关依照《中华人民共和国企业法人登记管理条例》，对企业名称实行分级登记管理。

凡使用"中国""中华""国家""全国""国际"，或者不冠以企业所在地行政区划名称的企业名称，须经国家工商行政管理局核准。外商投资企业的名称由国家工商行政管理总局核定。

（四）核资验资

取得《企业名称预先核准通知书》以后便可以到银行办理"开立单位结算账户"。2013年新《公司法》放宽了注册资本登记条件，将注册资本实缴登记制改为认缴登记制，取消了公司股东（发起人）应当自公司成立之日起两年内缴足出资，改为投资人可以在五年内缴足出资额；取消了一人有限责任公司股东应当一次足额缴纳出资的规定。但是一些特种行业还是需要实缴验资。

（五）审核勘验

勘验内容包括申请人是否具有固定经营场所，经营项目与工商营业执照的经营范围是否一致等开业必备条件。

（六）领取证件

前面几步顺利完成后，企业主将顺利领到营业执照正、副本。

（七）刻章

新企业领取营业执照后，创业者需到所在地公安局特行科办理新企业印章，并向特行科提供相关文件，包括营业执照、法定代表人身份证等，经公安局审批后，到指定的印章刻制单位刻制新企业印章。

（八）代码登记

此处的代码即组织机构代码，是指根据代码编制规则编制，赋予每一个组织机构在全国范围内唯一的、始终不变的识别标识码。我国实行组织机构代码登记制度，根据《全国组织机构代码编制规则》强制性国家标准，对境内每一个机关、团体和企事业单位颁发一个唯一的、始终不变的法定代码标识。

（九）开立银行账户

创办新企业需要开立一个临时存款账户，待新企业获得营业执照后，该账户转为基本存款账户，也可以申请注销，另开基本存款账户。新企业申请开立单位银行结算账户，应填写开户申请书，提供基本存款账户的企业同意其附属的非独立核算单位开户的证明等证件，送交盖有企业印章的卡片，经银行审核同意后开立账户。

第二节 新企业的管理

一、新企业各成长阶段管理要点

管理企业成长认识企业管理的特殊性要与企业的成长规律结合起来。一般来讲，相当一部分企业会经历组织生命周期的各个阶段。主要包括创建阶段、成长阶段、成熟阶段和衰退阶段。

（一）创建阶段

企业登记注册开始运营，便进入创建期。在这个阶段，企业面临生存的挑战，实力较弱，依赖性强，资源匮乏，在市场上尚未站稳脚跟，需要各方面力量的支持。创建阶段企业销售其初始产品或服务，探索盈利模式，确认搭建的团队正确与否，确定企业优势和核心竞争力。这是企业创始人的"实习"阶段，他们会把握公司日常运营的各个方面。在这个阶段也是企业规则和程序的建立、运营阶段。这个阶段的企业管理不规范，管理水平低，经常出现无章可循和有章不循的现象。创建阶段企业的主要目标是建起一个良好开端，并探索在市场中获得成长空间。企业在创建阶段的主要挑战是确保初始产品或服务是正确的，并为进一步发展成长做好准备。企业领导者虽然可以在此阶段进行不断地尝试，但更重要的是不要冒进。可以将奏效的事情记录下来，并开始思考随着企业的成长，如何把成功复制到其他地方。

（二）成长阶段

成长阶段可以分为早期成长期和持续成长期。早期成长期的特点是不断增加的销量和复杂性。在这个阶段，企业通常仍然专注于初始产品或服务，但一般都会努力提高市场份额并尝试开发相关产品。企业的运营需要更多的人手、资金和技术水平提升的支持。对资源的管理和利用成为企业成长中面临的新问题。在这个阶段，有必要做好两个方面的工作：第一，创始人要将其角色转变为更富管理性的角色，而不是直接关注企业的每个方面。要主动在改变创业初期直接参与构建企业的产品或服务，从"人在企业之中"的管理状态走向"人在企业之上"的管理模式。第二，必须实现规范化。企业制定、执行政策和程序，使企业离开创始人也能平稳地运行。随着企业在某一产品领域有了一定的市场份额，企业慢慢进入持续成长期了。这个时期，企业一般会开始开发新产品或服务，并扩张到新的市场。小企业可能会被并购或与其他企业建立合作伙伴关系。最艰难的决策通常都出现在持续成长期。在这个时期，企业必须建立合理的组织架构，制定完善的管理制度，规范项目流程管理，加强绩效考核，为企业健康快速成长提供保证。

（三）成熟阶段

经过扩张阶段的发展后，企业将会进入持续开发新产品、拓展新业务、不断提高销售收入的成熟阶段。在这个时期，企业通常专注于对产品和服务的高效管理，一家处于成熟阶段的管理完善的企业通常会寻求合作或并购机会，从而为企业带来新生力量。

（四）衰退阶段

一般的企业到最后走向衰退或者死亡是一种正常现象。这需要企业有强大的创新精神，但通过创新推动企业转型十分不易，因为需要克服强大的惯性作用和来自组织内部的抵抗。这也是很少有企业能做到基业长青的原因。

二、新企业人力资源管理

（一）新企业人力资源管理常见问题

1.缺乏科学的管理理念

人力资源管理的科学性，对企业健康创新发展的影响非常大。第一，大部分初创企业管理者采用家族式管理模式，存在用人唯亲现象。由于人力资源管理理念落后，减缓了初创企业发展，从而导致企业内部人员分配不合理。第二，初创企业筹备初期，大量资金投入到产品生产中，不注重招聘专业技术人员。初创企业不注重培养人才，希望通过招聘方式吸纳成熟人才，以此减少人力资源培养成本。第三，大部分初创企业领导者性格比较自我，过度禁锢员工思想，从而导致人才变为只听命令，无创造力的员工，严重浪费人力资源。第四，初创企业人力资源管理处于初级发展阶段，没有明确工作岗位职责，也没有细致划分企业人才需求量与结构组成。在招聘人才时，多数人才不满足职位要求。有能力的人才会因职位限制，无法展示出自身才能。部分关键岗位任职人员能力水平一般，无法胜任岗位要求，对企业发展的阻碍影响比较大。

2.员工对企业的归属感不强

由于初创企业人力资源不合理，未制定明确的员工招聘标准，导致企业招聘人才后，在具体任职和发展中出现各类问题。企业不注重人员规范化管理，员工在企业无法找寻到自身发展方向，也不能展示出自我价值，相应减弱了员工对企业的归属感，增加了人员流失率。此外，初创企业管理模式具备家族式特点，多数岗位晋升都优先考虑亲朋好友，其他员工无法参与到公司管理中，从而导致员工不能融入企业发展中，降低了对企业的归属感。

（二）新企业的人力资源管理对策

1.转变传统管理理念，制定人力资源管理规划

企业为了实现长久稳定发展，必须加大人力资源投入。人才竞争成为企业竞争的重要因素，企业为了加强自身竞争实力，实现可持续发展目标，必须科学管理现有人才。第一，企业管理者应当正确认知企业发展现状，了解人力资源管理的重要性，基于发展眼光分析和研究企业未来发展趋势，转变传统管理理念，通过创新思维引进和管理人才。第二，为了转变企业管理人员的传统理念，管理人员应当参与管理培训班，接受专业化教育培训。通过学习全新的管理理念和方法，结合企业发展实况，制定全新的人力资源管理制度，补充和完善企业管理不足与缺陷。第三，企业生产经营发展期间，管理人员必须时刻检验自身不足，能够正确认识到自身缺陷。在招聘人才时，优先考虑高能力高学历的专业管理人员，合理规划企业人力资源管理计划。在企业不同发展阶段，制定科学的人力资源管理制度，高度重视企业人力资源管理工作，为企业长久发展奠定良好基础。

2.建立科学的人力资源选拔制度

初创企业为了加强自身竞争实力，实现长远发展目标，必须将人力资源管理纳入经营管理重点，注重吸收具备高能力、高综合素质的全新人才。初创企业在起步发展阶段，由于各方面内容不完善，人才吸引力不足。因此企业管理者必须立足于发展实况，营造和谐的工作环境，按照人才的能力水平制定不同等级的福利待遇，以此加强人才吸引力。目前，多数企业在招聘人才时，优先考虑具备工作经验的人才，希望以此减少人才培育成本。然而，具备丰富经验的人才，也有部分人由于无法胜任工作，对现有工作不感兴趣，或由于自身性格所致，从而导致其团队意识中存在不和谐因素，这对企业发展影响较大。因此，企业在招聘人

才时，不能过度关注有工作经验的员工，应当考虑大学毕业生。由于毕业生接受新生事物比较容易，没有条框限制，具备较强可塑性，可以成为企业发展的重点培养对象。同时，企业在选聘人才时，还应关注到适才问题，只有满足企业发展要求的人才，才能够在任职期间发挥出无限价值，还可以避免优秀人才岗位分配不合理问题，减少人力资源浪费。

3. 建立和实践科学绩效考核制度

建立科学的绩效考核制度，可以为初创企业人力资源管理提供制度保障。分析员工业绩考评与综合评价，有助于形成标准化流程与制度，全面反映出员工表现与能力水平。按照员工综合能力评价结果，适时采取奖励激励措施。针对表现不理想员工，应当提供培训与学习机会确保员工在本职工作期间可以获得劳动报酬，同时能够获取专业知识，丰富自身知识，为企业发展贡献自身力量。由于初创企业的发展过程不成熟，必然会出现人员流动问题。基于这种现状，企业应当注重管理员工绩效考核工作，制定科学合理的考核制度，确保员工可以正确认识企业发展方向，实时调整自身职业发展规划。

4. 建立激励晋升机制

初创企业在成立之初会面临较多问题，人力资源管理问题比较显见。初创企业必须做好人力资源管理，将人才作为企业发展的竞争因子。当企业缺乏人力资源优势时，将会影响长远发展目标。相比于成熟发展企业来说，初创企业缺乏健全的人力资源管理机制，在人才引进及管理工作中存在难度。然而，正是由于初创企业处于发展初期，能够为员工提供充足的发展空间，限制性因素比较少，可以帮助员工全面展现自身才能，以此实现自我价值。初创企业建立激励晋升机制，可以使员工时刻掌握自身发展方向，跟随企业发展脚步，不断优化和完善自我，以此实现综合化发展。

三、新企业资金管理

（一）新企业资金管理存在的问题

1. 资金管理观念淡薄

对于有项目建设的初创期企业来说，由于公司刚组建，只能依靠股东方投资注入资金，用于项目的前期手续办理和建设，但企业创立前期普遍存在资金管理意识淡薄，资金使用较为盲目，缺乏项目建设期间整体的资金预算和详细的资金计划，甚至拍脑袋行事，这造成资金使用效率低下，特别是不能及时补充除资本金外的资金时，极易导致资金链断裂，出现项目停建的现象。

2. 资金管理制度不健全

一般新建的企业都缺乏成本体系的管理制度，存在缺乏明确的操作流程，因人设岗，职责不明，不相容职务不分离，借款与报销管理流程混乱，缺乏完善的资金使用审批制度，更缺乏与制度相匹配的监督管理体系，有的领导甚至认为财务的要求多余，阻碍业务的进展。

3. 制度执行不严格

有的企业制定了相应的资金管理制度，但在具体的执行过程中，并未严格按制度执行，而是怎么方便怎么做，怎么快怎么做。企业的业务部门、采购销售部门和财务部门人员素质参差不齐，存在业务不懂财务，财务不懂业务的现象，各做各的，没有做到相互配合，更没有充分发挥综合使用资金的优势，造成企业资源浪费。

4. 项目建设资金与运营资金缺乏系统平衡

作为项目建设主体的所属企业或资产实际运营单位，面临自身规模小、缺乏贷款经验或建设期长、资金压力大等现实问题，有的企业会把资金主要用在项目建设上，当项目建设即将结束转入运行时，并未考虑把有限的资金在项目建设运用和运营运用之间进行综合平衡，当企业转入正常生产经营时，出现了无法支付维持正常生产经营原材料款项的现象，要么停工待料，要么借高利贷维持生产的窘困局面。或者在建设资金和流动资金缺口大的情况下只能依靠上级集团公司资产规模大、资信能力强、信用等级高、融资渠道畅通等优势来解决其资金困难的问题。

5. 融资困难和渠道单一

企业在初创期，融资渠道单一，作为国有企业，只能通过股东注资和固定资产贷款来解决资金不足问题，按公司章程规定，注册资本金一般是有规定的，且金额远不够建设项目使用，那么就只能通过办理固定资产贷款来解决项目建设资金不足的问题。银行在办理固定资产贷款时，要对项目的可行性、经济性、效益性等方面进行综合评价，并且需要 A++ 信用等级（信用等级由高到低依次分为：A++、A+、A、B、C、D 四等六级，A++ 设为信用优秀企业）的企业提供担保，融资难度较大。

（二）提升初创期企业资金管理水平的建议

1. 提高全体管理层人员对资金管理的认识

企业的管理层一是要充分认识到财务管理的核心是资金管理，要树立科学的资金管理观念，同时制定一系列行之有效的管理制度用于保证资金的使用与正常周转。二是要及时将自身的发展规划同外部市场环境的变化相结合，以此制定适合企业自身的资金管理制度。三是要降低投资的盲目性，减少资金安全隐患，降低投资风险损失。

2. 建立健全资金管理制度

随着经济的发展和竞争的不断加剧，原来粗放且简单的资金管理也越来越难以适应企业发展的需要，因此企业全体人员不仅要及时转变观念，更重要的是要加强企业资金管理，制定适合自身发展的成本体系、相互关联且相互制约的财务管理制度和体系，以此达到规范资金的筹集、使用、投资等财务行为，并且在制度出台以后要组织全体员工宣传学习并要求认真执行。

3. 严格执行制度并落实考核

企业在办理任何经济活动的业务时都需要按照规定的程序和流程进行，一是看看是否有办理依据，比如，法律法规、公司相关制度和企业领导层共同决策的会议纪要等。二是看看审批手续是否齐全，比如，企业在材料款、备件款、差费、办公费、工资等日常经营活动的资金支付时，需要经办部门的经办人签字，部门负责人审核、财务部门业务经办人员审核、部门负责人复核。三是对于工程支付、投资、筹资、对外担保等重要事项使用的资金除以上人员审核签字外，还需要企业高层领导和财务领导审核签字。四是对于超预算或计划的资金支付，需要按照预算管理制度进行更加严格和更大责权的领导审批。另外，制定制度时一定要配套制定相应的考核制度，并严格按照制度落实考核。

4. 想方设法解决融资难题

稳定的融资渠道可以为企业的成长提供输血功能。因为初创企业刚刚起步，短期内无法凭借剩余利润来增加企业的现金流，因此企业只能依靠外部筹资来解决资金困难。

一是企业通过制定完整的财务制度，并向银行提供真实可信的财务报告数据，向银行证明自身的良好偿债支付能力与营运获利能力等获得银行短期借款。二是寻找实力雄厚的商业债权人与之建立良好的合作关系，通过延长付款期限方式使供应商提供部分短期营运资金获得商业债权人融资。三是企业通过直接租赁或售后回租方式，得到所需要的设备或依靠相关租赁公司租借到外部的设备的同时，一次性或分次筹集到一笔等价于设备价款的现金的租赁融资。

5. 科学合理平衡投资与运营

资金在项目投资初期，选择适合企业的融资方式，对投资需求资金和一年内经营需求资金进行综合平衡，在固定资产贷款资金无法完全满足资金需求时，可通过向股东或其他企业借款的方式解决，保证项目建设和投运资金的正常使用。

四、新企业成本管理

（一）初创企业成本核算与管控中存在的问题

1. 内控体系不完善，成本控制缺少共同参与

初创企业建立之初，为了更好地融入市场，并在市场中占有一席之地，会将营销、生产、技术等作为企业日常管理的主要工作，而对于内控体系来说，一方面，由于管理者的不重视使得内控无法正常开展，另一方面也是因为企业初创的原因，其内部控制体系相对不是十分完善，使得整体的成本功能缺少监督与管理。除此之外，在企业的成本控制及管理监督过程中，相关制度、方法的制定并没有完全由员工参与其中，从而使得员工对于成本控制的参与积极性不高。由于成本控制缺乏共同参与，即使管理层下决心加强成本控制，但是在一些细微之处，由于员工参与度不高，使得整体成本控制不很理想。

2. 融资成本管控水平亟须提升

企业初创之出，资金需要对其显得十分的重要。由于其市场还没有完全打开，为了更好地联系客户，企业有可能会采取一些赊销的营销策略来增强客户的信任度。在其采购的过程中，由于是初创企业，许多供应商对其不很熟悉，商业信用不能完全地建立，在采购过程中，要求其提供现金采购的方式较多，而初创企业由于其技术未完全成熟，产品还未完全受到市场的认可，所以许多投资机构对其持有一种观望的态度，风投资金很少。同时，国有商业银行金融机构，对于那些初创企业融资态度表现得较为谨慎，因其缺乏相应的担保，出于规避金融风险的考虑，也无法对其实施借贷。企业为了解决资金难题，有时不得不会采取例如小额贷等相对高利息的借贷方式获取运营资金来维系运转，从而使其融资成本大幅度提高。

3. 企业成本费用支出过多，需要加强控制

企业初创之时，由于缺少科学合理的成本费用管控方法，有可能使得成本费

用的支出过多。如企业的能源节约方面，或是办公用品的采购及使用方面，以及企业在资产的购入方面，由于缺乏相应的购置管理制度，有可能使得采购价格过高，并且在日常消耗中，管理方法没有完全跟得上，使得成本、费用支出浪费现象较为严重。上述种种问题的存在，需要企业进一步加强对于成本费用的控制与监督。

4. 成本管理不科学，监控体系亟须建立

初创企业在日常生产经营管理过程中，由于其主要的精力放在了生产、营销、技术等方面，从而对于成本管理相对较为忽视。同时部门之间为了完成各自的工作内容及工作任务，缺少成本管理的协同化，缺少相应的协调与沟通，使得成本管理方式不很科学。另外，由于成本管理和控制的责任落实不到位，及相应的奖惩机制没有完全建立，使得大家对于成本管控问题莫衷一是，并显得较为冷漠，从而使得成本费用相对较高。同时，由于企业的生产经营范围的问题，使得成本支出难以存在统一化的标准，过程的监管往往不够到位，成本控制工作存在盲区，因此必须推行有效的监管方式，促进成本控制更好地落实，保证企业效益最大化。

（二）新企业加强成本管理策略

1. 完善成本内控体系，进一步落实成本管理

初创企业的成本内控体系是一个较为完整的体系，它不单单指的是成本控制，而要把企业其他与成本有关的部分紧密地联系起来。如企业的预防成本、检验成本、质量成本等。同时，企业还要关注自身的生产效率情况，投资者要对整个的工序、设备及相关的操作者做到胸中有数，只有这样才能有效降低企业的劳动成本。最后，企业还要提升全员的参与力度，要把成本管理作为一种全员管控模式，并且建立相应的奖惩制度，对于做得好的部门及人员给予相应的奖励，否则要实施处罚。只有做到奖罚分明，才能使得成本内控体系得以建立，并有效落实成本管理。

2. 着力解决初创企业融资成本问题

既然党中央国务院十分关注大众创业、万众创新的开展，相关的金融机构就应该出台配套的相关政策来鼓励有能力的投资者参与到创业中来。金融机构对于初创企业可以出台一些相应的融资优惠政策，以使其节约融资成本，帮助初创企业渡过开创之初的难关。只有很好地解决初创企业的融资成本，才能使其整体成本得以有效降低，并帮助其做大做强。同时，在商业信用方面，政府也可以建立相应的商业信用评估平台，对于那些初创企业，政府要相应地给予适当支持与鼓

励，使得供应商可以对其放宽一些商业信用政策，从而减少其货币资金的支出，在另一侧面解决和降低其融资成本。

3. 加强成本管控，从细微处落实

对于初创企业来说，成本管控工作不是一件一蹴而就的事情。一方面，在生产所需的各类设备及物资的采购方面，初创企业可以采取三家比价的方式，在质量相同的情况下，可以选择价格较低的厂家给予供货，从而有效地降低各类采购成本。另一方面在成本的支出方面应该制定相应的管理制度，并且与部门及个人的绩效相挂钩。企业也可以采取相关成本费用消耗定额的方式，将成本管控纳入预算定额之内，对于节约成本的部门给予相应的奖励。而对于成本超支较为严重的部门及相关人员，在问明原因后，要给予适当的处罚。

4. 完善企业成本监控体系建立

让企业的投资者要建立一套较为完善的成本监控体系，例如，从原材料采购价格，到原材料消耗，直至成品的入库，残次品的数量都要予以相应的考核。同时，企业还要加强全面预算管理工作，将供、产、销、储、物流等部门的成本有效地整合，使其成为一个整体。另外，初创企业要注重法人治理结构的完善，要按照公司法的相关规定，建立"董、监、高"职能机构，并使其发挥应有的作用，实现最终的三权分立。这样，可以避免企业内部产生权力过于集中的现象，并便于企业成本监督体系建立。

参考文献

[1] 陈亚.思想政治视域下大学生创新创业教育实践研究[J].淮南职业技术学院学报,2021,21(06):55-57.

[2] 袁娜.大学生创业带动就业的经济效应及对策[J].投资与创业,2021,32(23):31-33.

[3] 王洪才,段肖阳,杨振芳,等.项目式教学改革探索:以大学生创新创业能力培养为例——厦门大学教育研究院"高等教育研究方法"第一课(笔谈)[J].中国高等教育评论,2020,13(02):69-93.

[4] 张丹.大学生创新创业能力培养的研究[J].黑龙江畜牧兽医,2020(23):151-153.

[5] 杜天宝,于纯浩,温卓.大学生创新创业政策扶持体系优化研究[J].经济纵横,2019(09):88-94.

[6] 李娜.新时代大学生创新创业能力结构与现状研究[D].长春:东北师范大学,2019.

[7] 李莹.大学生创新创业能力影响因素与培养策略研究[D].长春:东北师范大学,2019.

[8] 霍明奎,查姣姣,竺佳琪.基于扎根理论的大学生创新创业团队信息获取行为影响因素研究[J].现代情报,2019,39(03):46-51.

[9] 侯士兵.社会主义核心价值观融入大学生职业价值取向机制研究[J].学校党建与思想教育,2018(13):75-77.

[10] 范湘涛.加强高职院校职业价值观教育的路径探析[J].现代职业教育,2018(18):238-239.

[11] 郑静.95后大学生的职业价值观研究[J].教育教学论坛,2018(24):241-243.

[12] 林秋君.新时代大学生创新创业精神培育与能力提升研究[D].重庆：重庆交通大学，2018.

[13] 胡方方."互联网+"背景下大学生创新创业模式研究[D].洛阳：河南科技大学，2018.

[14] 陈沙沙.需求层次理论对大学生职业价值观培育的启示研究[J].纳税，2018（11）：222+224.

[15] 黄慧子.大学生创新创业激励机制研究[D].合肥：安徽大学，2014.

[16] 齐书宇，方瑶瑶.工科大学生创新创业能力评价指标体系构建与设计[J].科技管理研究，2017，37（24）：68-74.

[17] 路婧一，张野，张珊珊.师范院校大学生职业价值取向与核心自我评价的关系研究[J].黑龙江生态工程职业学院学报，2017，30（06）：106-107.

[18] 侯颖怡.大学生职业价值取向引导及研究[J].智库时代，2017（14）：35-36.

[19] 宿玉，李兴兴，胡静娴.精准供给背景下大学生创新创业能力提升策略研究[J].长沙大学学报，2017，31（05）：99-102.

[20] 朱幺武，帅国文.当代青年大学生职业价值观的负面倾向及其影响因素分析[J].今日财富（中国知识产权），2017（08）：198-199.

[21] 杜逸群.手机媒体影响大学生价值取向的形塑研究[D].南京：东南大学，2017.

[22] 姚大伟.大学生创新创业意识培育研究[D].南昌：东华理工大学，2017.

[23] 柳静雅，寇冬泉.大学生专业承诺和职业成熟度的关系：职业决策自我效能的中介作用[J].教育导刊，2017（06）：30-34.

[24] 石娟."互联网+"视域下大学生创新创业的机遇与挑战[D].成都：四川师范大学，2017.

[25] 邓腾彬，曹学艳，李雪梅，等.高校图书馆在大学生创新创业中的角色与作用[J].图书情报工作，2016，60（S1）：19-22.

[26] 张媚.个性化教育视角下大学生创新创业能力培养研究[D].西安：长安大学，2016.

[27] 林湘羽.广西大学生创新创业价值观现状调查及培养对策研究[D].广西师范学院，2016.

[28] 刘广.大学生创新创业支撑体系建设研究[J].科技进步与对策,2015,32(23):151-155.

[29] 朱瑞峰.大学生创新创业发展中的政府作用分析[D].广州:华南理工大学,2015.

[30] 陈昊.在线教育背景下大学生创新创业教育有效性研究[D].重庆:重庆交通大学,2014.